Born to Cook

Das VOX-Logo und das »Schmeckt nicht, gibt's nicht«-Logo sind eingetragene Marken der VOX Film- und Fernseh- GmbH&Co. KG, Köln.

Impressum

Genehmigte Lizenzausgabe der Verlagsgruppe Weltbild GmbH, Steinerne Furt 67, 86167 Augsburg
Copyright der deutschsprachigen Ausgabe © 2004 Wilhelm Goldmann Verlag, München,
in der Verlagsgruppe Random House GmbH

Koordination: Ralf Nöbel (VOX), Sybille Schlumpp
Redaktionelle Mitarbeit: Brigitte Jurczyk
Textredaktion: Annette Baldszuhn
Rezeptredaktion: Oliver Triffic
Bildredaktion: Elisabeth Franz
Art-Direction: Thomas Dreher, München
Layout: Simone Wöcker
Food-Fotografie: Jan Peter Westermann, Hamburg
Foodstyling: Pio, Hamburg
Übrige Fotos auf den Seiten:
Marlo-Arts, Hamburg 20, 34, 66, 67, 90, 121, 144, 157
Sebastian Schmidt, Hamburg 4, 6, 21, 35, 41, 47, 48, 52, 53, 81, 91, 97, 104, 105, 114, 117, 120, 123, 124, 132, 133, 135, 145, 156, 159
Südwest Verlag, München/R. Hofmann 108
Jan-Peter Westermann 8, 9, 16, 22, 23, 31, 36, 37, 38, 50, 54, 55, 60, 63, 65, 68, 69, 77, 80, 92, 93, 95, 103, 106, 107, 118, 122, 129, 134, 146, 147, 152, 158
Collagen
(nummeriert von links nach rechts und oben nach unten)
auf dem Vorsatz:
Marlo-Arts 1, 2, 4, 5, 6, 9, 13, 14, 16, 19, 21, 22, 25, 26, 28, 31, 37, 39, 44, 49, 50, 54, 56
Schmidt 18, 20, 27, 35, 36, 43
VOX/F. Hempel 3, 11, 15, 17, 30, 33, 41, 46, 53, 55
VOX/F. P. Wartenberg 7, 47, 51
Westermann 8, 10, 12, 23, 24, 29, 32, 34, 38, 40, 42, 45, 48, 52
im Mittelteil S. 78/79:
Marlo-Arts 1, 3, 5, 7, 9, 10, 15, 16, 18, 21, 24, 25, 26, 28, 32, 35, 36, 38, 39, 43, 46, 47, 49, 50, 51, 52, 53, 54, 56, 59
Schmidt 6, 11, 13, 17, 20, 22, 29, 34, 37, 44, 48, 60
VOX/F. Hempel 23, 40, 42, 55, 58
VOX/F. P. Wartenberg 2, 14
Westermann 4, 8, 12, 19, 27, 30, 31, 33, 41, 45, 57
auf dem Nachsatz:
Marlo-Arts 2, 3, 5, 7, 9, 12, 15, 16, 19, 21, 23, 30, 31, 36, 37, 40, 45, 47, 49, 50, 51, 54
Schmidt 6, 11, 17, 24, 26, 27, 33, 39, 46, 48, 57
VOX/F. Hempel 13, 20, 29, 44, 55
VOX/F. P. Wartenberg 1, 8, 25, 28, 43
Westermann 4, 10, 14, 18, 22, 32, 34, 35, 38, 41, 42, 52, 53, 56

Umschlaggestaltung: Atelier Seidel – Verlagsgrafik, Teising
Umschlagfotos: Jan-Peter Westermann
Gesamtherstellung: Neografia, a.s., Martin
Printed in the EU
ISBN 978-3-8289-1360-8

2011 2010 2009
Die letzte Jahreszahl gibt die aktuelle Lizenzausgabe an.

Einkaufen im Internet:
www.weltbild.de

Dank:

Ich möchte mich an dieser Stelle bei all den fleißigen und geduldigen Menschen bedanken, die mich so enorm bei der Verwirklichung meiner Träume (eigenes Restaurant, Kochshow und nun auch noch mein Kochbuch) unterstützt und begleitet haben. Wie es anders kaum sein könnte, geschieht dies in absolut ungeordneter Reihenfolge:

Meiner gesamten Familie, insbesondere **meiner Mutter,** ohne die ich trotz meines Alters (ich bin kein Muttersöhnchen!) komplett aufgeschmissen wäre. **Meinem Vater,** Rainer Mälzer, der mir die Realisierung des »Weißen Hauses« erst ermöglicht hat und mir dabei auch als Freund zur Seite gestanden hat. **Meinen Großeltern,** ohne die alles sowieso keinen Wert hätte. **Manu** für Rat und Tat. Der gesamten Crew vom »Weißen Haus« und meinem Compagnon **Christian Senkel,** an dessen Stelle ich nicht sein möchte. Namentlich seien genannt die Küche: **Sebastian** (the machine), **Patrick** (Strandpirat), **Max** (Azombi), **Jeff** (Black of House manager), **Tom** (east meets west) und **Sven** (Mister X). Der Service: Nochmal **Christian** (the caterpillar man), **Sybille** (Ilse), **Techno Tosch, Sachpasch, Lena** (we will rock it) und **Johanna** (poland rules). Nicht unerwähnt darf hierbei auch die **»rich bitch residence«** für Asyl und großartige Menschen bleiben – Danke. Meinen besten Freunden **Max, Milentio, Haggi** für alles. Den vielen großartigen Köchen, denen ich über die Schulter schauen durfte, insbesondere **Helmut Hellwig, Gennaro** und **Jamie, Rojan. Nina,** du weißt wofür. Diejenigen, die hier und jetzt nicht auftauchen: Fühlt euch nicht auf den Schlips getreten. Ich habe euch nicht vergessen, sondern keinen Platz mehr.

Keep on rockin'
cooking

Tim Mälzer

Gewidmet ist dieses Buch meiner Toppenstedter Familie, ohne die es all dieses überhaupt nicht gäbe.
Ich vermisse euch.

Tim Mälzer

Born to Cook

Mit Rezeptfotos von Jan-Peter Westermann

Foodstyling von Pio

Weltbild

Inhalt

Hall of Fame – Tims Lieblingsgerichte 9

Banalitäten 23

Sonntagsbraten 37

Family-Food 55

Cooking for Two 69

… vom Küchenbullen 81

Auf die Faust 93

Klassiker – Huldigung und 'tschuldigung 107

Men's Health 123

Sweeties 135

Fisherman's Friends 147

Back to Basics 159

Register 166

Keine Angst und fürchtet euch nicht! **Meine Botschaft** ist einfach: Beim Kochen kann eigentlich nichts schief gehen. Alles wird gut – und zum Schluss ist man satt und glücklich. Überglücklich, denn was da vom Teller in den Magen gelangt, soll schmeicheln: der Zunge und dem Gaumen, eigentlich allen Sinnen, und vor allem: Es soll Sie **überraschen**! Immer wieder aufs Neue.

Aber seien Sie nicht enttäuscht: In diesem Buch finden Sie keine Richtlinien, keinen festgeschriebenen Fahrplan zum Kochen – nur Anregungen. Ich selbst hasse es, nach Rezept zu arbeiten. Und deshalb sind meine Vorschläge nur als Ideen zu verstehen. Kochen und Essen sind **pure Lebensfreude**, und die hält sich nun mal an keinerlei Gesetze. Deshalb: Seien Sie mutig, probieren Sie aus, experimentieren Sie! So viel vorweg.

Und was finden Sie in meinem ersten Kochbuch? Ein **buntes Sammelsurium** meiner leckersten Gerichte – einfach alles, was ich selbst gern koche und esse. Dass diese kulinarischen Höhenflüge so leicht zu erreichen sind, liegt daran, dass alle Rezepte nicht länger als maximal 30, 40 Minuten brauchen, einige kommen sogar mit 5 Minuten aus. Die Zutaten sind easy zu bekommen, dazu würze ich meine Gerichte meist nur mit Salz und Pfeffer, und **aufwändiges Kochgeschirr** müssen Sie sich auch nicht extra anschaffen.

Ich freue mich, wenn ich Leute zum Kochen bringe. Fangen Sie einfach an! Es kann nicht wirklich etwas danebengehen – versprochen! Und wenn, dann fühlen Sie sich bitte in bester Gesellschaft: Auch Topköche machen Fehler, und viele großartige Gerichte sind gerade auf diese Weise entstanden. Meine **kochende Leidenschaft** begann zum Beispiel mit einem Hühnchen, das ich in Wein ertränkte. Da war ich zehn und wollte meine Eltern mit einem selbst gekochten Hühnerfrikassee beeindrucken. Aus dem Rezept, das vor mir lag, ging nicht klar hervor, mit wie viel Wein das Huhn angegossen werden sollte. Daher schüttete ich so viel hinein, bis es schwamm. Das waren etwa zwei Flaschen. Das Hühnchen war also **ziemlich beschwipst**, meine Eltern dafür aber ziemlich begeistert. Muss ihnen wohl geschmeckt haben. Ich bin gespannt, was Ihnen auf den ersten Blick danebengehen wird – und auf den zweiten so gut schmeckt, dass Sie es bald zu Ihrem Lieblingsgericht ernennen werden. Nur **Mut zur Überraschung**!

Und noch etwas sehr Wichtiges: Kochen Sie mit Freunden und Familie und **genießen** Sie es, mit ihnen an einem großen Tisch zu sitzen und zu essen. Es gibt einfach nichts Schöneres!

Hall of Fame – Tims Lieblingsgerichte

Passt immer, **gelingt immer**, schmeckt immer! Meine Küchenklassiker sind Gerichte, die ich koche, wenn die Familie oder Freunde zu mir nach Hause kommen. Das lässt sich alles extrem simpel vorbereiten, braucht nicht viel Zeit, und man kann während der Zubereitung quatschen. Weil: Es kann ja nichts schief gehen! Zu jedem Gericht könnte ich eine schöne Geschichte erzählen, denn ich habe fast alle der Rezepte in verschiedenen Küchen in London, Hongkong oder Spanien entdeckt – das meiste natürlich in Hamburg, wo ich einen Blick in die **Kochtöpfe** von Freunden, Kollegen und meiner Familie werfen durfte und mir daraus meine »eigene Suppe« gekocht habe. Ich gebe zu: Ein bisschen was abgeschaut habe ich mir dabei auch! Übrigens: Variieren kann man alle diese Gerichte, muss man aber nicht. **Denn sie schmecken** einfach alle fantastisch.

Chili con Carne

Die Schärfe der frischen Chilischoten ist variabel; wer es nicht ganz so feurig mag, entkernt die Schoten vorher einfach. So wird das Chili zwar milder, aber der erdige Geschmack der Chilischoten bleibt erhalten.

6 PORTIONEN

500 g Rindfleisch aus der Schulter, 1 cm groß gewürfelt (ersatzweise Rinderhack) • 2 EL Öl • 1 Gemüsezwiebel, grob gewürfelt • 2 Knoblauchzehen, gehackt • 3 rote Chilischoten, gehackt • 1 rote Paprikaschote, fein gewürfelt • 1 EL Tomatenmark • Cayennepfeffer • 500 ml Instantbrühe • 3 Dosen geschälte Tomaten (á 425 g EW) • 2 Lorbeerblätter • 250 g rote Kidney-Bohnen (aus der Dose) • 100 g Mais (aus der Dose) • 50 g geraspelte Zartbitterschokolade • grobes Meersalz, Pfeffer zum Abschmecken • 3 EL Crème fraîche • Basilikumblätter zum Garnieren

Fleisch in einer Pfanne im heißen Öl zusammen mit Zwiebeln und Knoblauch einige Minuten unter Rühren anbraten. Anschließend Chilischoten, Paprika, Tomatenmark und Cayennepfeffer dazugeben und 1 Minute anschwitzen. Die Brühe angießen, Tomaten und Lorbeerblätter hinzugeben, kurz umrühren und mit geschlossenem Deckel ca. 30 bis 40 Minuten bei mittlerer Hitze kochen lassen. Kurz vor Ende der Garzeit die Kidney-Bohnen und den Mais in einem Sieb kalt abspülen und mit der Schokolade zum Chili geben. Nochmals 2 bis 3 Minuten kochen lassen. Mit Salz und Pfeffer würzen. Chili in 6 Schüsseln geben und mit je 1 Teelöffel Crème fraîche und frisch gezupftem Basilikum garnieren.

Penne mit Erbsen-Mascarpone-Sauce

Mascarpone ist ein fetter italienischer Frischkäse (80 % Fett!). Wer will, ersetzt ihn durch Schlagsahne – mit 30 % Fett auch nicht gerade schlank, aber immerhin.

4 PORTIONEN

1/2 Gemüsezwiebel • 125 g durchwachsener Speck • 2 Knoblauchzehen • 500 g Penne rigate oder andere Nudeln • Salz • 2 EL Olivenöl • 250 g Tiefkühl-Erbsen • 125 g Mascarpone • Pfeffer • 1-2 TL Zitronensaft • Basilikumblätter zum Garnieren

Gemüsezwiebel schälen und in feine Streifen schneiden. Speck würfeln, Knoblauch schälen und fein hacken. Die Nudeln in Salzwasser nach Packungsangabe kochen. Während die Nudeln kochen, das Olivenöl in einer Pfanne erhitzen. Die Zwiebelstreifen darin unter Rühren anschwitzen. Speck und Knoblauch dazugeben und alles knusprig braten, ca. 3 bis 4 Minuten lang. Erbsen und Mascarpone mit 3 Esslöffeln des Nudelwassers in die Pfanne geben und 1 Minute kochen lassen. Mit Pfeffer, eventuell etwas Salz und Zitronensaft abschmecken. Nudeln abgießen, abtropfen lassen, mit der Sauce mischen und mit Basilikum garniert servieren.

»Kreatives entsteht manchmal aus einer Notsituation heraus.«

Chili con Carne

Penne mit Erbsen-Mascarpone-Sauce

Tomaten-Brot-Salat

Tomaten-Brot-Salat

Mein absoluter Star unter den Salaten. Den mache ich wahnsinnig gern und den esse ich auch wahnsinnig gern. Und einfach ist er dazu auch noch.

4 PORTIONEN

ca. 100 ml Balsamico-Essig • 200 g altbackenes Ciabatta-Brot, in Scheiben geschnitten • 400 g Tomaten, geviertelt • 100 g gehackte Oliven, schwarze und grüne gemischt • 20 halbierte Kapernäpfel • Salz, Pfeffer, Zucker • Olivenöl • 1 Bund Basilikum, fein geschnitten

Den Balsamico-Essig in einem Topf erhitzen. Die trockenen Brotscheiben einzeln auf ein tiefes Blech legen und vorsichtig mit warmem Essig begießen. Nicht zu feucht werden lassen, das Brot sollte sich nicht auflösen. Tomaten, Oliven und Kapernäpfel in eine Schüssel geben und mit Salz, Pfeffer, Zucker, Olivenöl und dem restlichen Essig vermischen. Zum Schluss das marinierte Brot grob würfeln und zusammen mit dem Basilikum vorsichtig unterheben.

TiPP Wenn man kein trockenes Brot zur Hand hat, kann man auch frisches Brot im Backofen trocken rösten.

Parmesansuppe

Für dieses Rezept verwende ich Parmesanrandstücke, die beim Reiben übrig bleiben. Sammeln Sie zu Hause die Randstücke im Gefrierbeutel im Froster, bis Sie genug haben, um dieses Rezept zuzubereiten.

4 PORTIONEN

1 große, mehlig kochende Kartoffel (ca. 300 g) • 1 Zwiebel • 1 Knoblauchzehe • 1-2 EL Olivenöl • 1 l Milch • 0,2 l Geflügelbrühe • 100-150 g Parmesanrandstücke • 1 Rosmarinzweig • Salz, Pfeffer

Die Kartoffel waschen, schälen und würfeln, Zwiebel und Knoblauch schälen und würfeln. Alles in einem Topf im heißen Olivenöl 2 Minuten bei mittlerer Hitze anschwitzen. Milch und Brühe in den Topf gießen und das Ganze aufkochen. Die Parmesanrandstücke zerbröckeln und in die Suppe geben. Bei mittlerer Hitze 20 Minuten kochen. Den Rosmarin abzupfen, die Nadeln hacken und zur Suppe geben. Suppe mit dem Mixstab fein pürieren und mit Salz, Pfeffer und geriebenem Parmesan abschmecken.

Parmesansuppe

Endiviensalat mit gegrillten Birnen

4 PORTIONEN

1 Kopf Endiviensalat • 2 feste Birnen • 2 EL Öl • Salz, Pfeffer • 1 Zwiebel • 100 g durchwachsener Speck • 2-3 EL Rotweinessig • 3 EL Nuss- oder Olivenöl • 100 g Gorgonzola (italienischer Blauschimmelkäse)

Den Salat putzen, waschen und trockenschleudern. Die Birnen achteln und entkernen. 1 Esslöffel Öl in einer Grillpfanne erhitzen. Die Birnenachtel darin von jeder Seite 1 Minute grillen, mit Salz und Pfeffer würzen. Die Zwiebel schälen, in Streifen schneiden und in einer Pfanne im restlichen heißen Öl anschwitzen. Speck in 1 bis 2 cm breite Stücke schneiden, zu den Zwiebeln geben und bei mittlerer Hitze knusprig auslassen. Das Fett abgießen. Zwiebeln und Speck in einer Schüssel mit dem Essig und dem Öl mischen, salzen und pfeffern. Salat auf eine Platte geben. Die Birnenachtel und Gorgonzola in groben Stücken auf dem Salat verteilen und das Speckdressing darüber geben.

Kalbsleber »Venezia«

2 PORTIONEN

500 g Kalbsleber • 2-3 Gemüsezwiebeln • 1 Bund Petersilie • ca. 100 g Mehl • Salz • 2 EL Öl • 2-3 EL Weißweinessig • 300 ml Instantbrühe • 60-80 g Butter • Pfeffer

Die Leber waschen, trockentupfen und in Scheiben schneiden. Die Gemüsezwiebeln schälen und in Streifen schneiden. Die Petersilie waschen und hacken. Mehl in eine flache Form geben. Die Leberscheiben leicht salzen und im Mehl wenden. Überschüssiges Mehl abschütteln. Eine große Pfanne erhitzen, das Öl hineingeben und bis kurz vor dem Rauchpunkt erhitzen. Die Leberscheiben auf jeder Seite 2 Minuten scharf anbraten, herausnehmen und beiseite stellen. Zwiebeln in die Pfanne geben und bei reduzierter Hitze glasig dünsten. Mit dem Weißweinessig ablöschen und mit Brühe auffüllen. Alles aufkochen und die Butter in kleinen Stücken nacheinander unterrühren. Leberscheiben und Petersilie zu den Zwiebeln geben, kurz aufkochen und mit Salz und Pfeffer abschmecken.

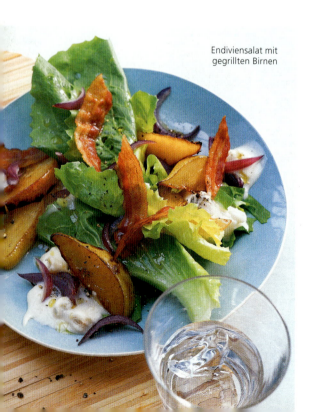

Endiviensalat mit gegrillten Birnen

Kalbsleber »Venezia«

Geflämmtes Rinderfilet mit Rucola, Parmesan und Austernpilzen

Das »Geflämmte« habe ich bei Gennaro in London entdeckt. Da wird es im Pizzaofen gebacken. Den hat natürlich nicht jeder, und deshalb habe ich mir etwas anderes einfallen lassen, das mindestens genauso gut funktioniert …

4 PORTIONEN

300-400 g Austernpilze • 6 EL Olivenöl • Salz, Pfeffer • 200 ml Balsamico-Essig • 2-3 EL Zucker • 500-600 g sehr dünn aufgeschnittenes Rinderfilet • 150 g Rucola • 80-100 g gehobelter Parmesan

Die Austernpilze putzen. 2 Esslöffel Olivenöl in einer Pfanne erhitzen, Pilze darin rundherum scharf anbraten, mit Salz und Pfeffer würzen und warm stellen. Balsamico-Essig mit 1 Esslöffel Zucker auf die Hälfte einkochen. Restliches Olivenöl mit der Balsamico-Reduktion mischen. 2 Esslöffel Balsamico-Reduktion auf einer großen Platte tropfenweise verteilen. Rinderfiletscheiben auf die Platte legen. Das Fleisch mit Salz und Pfeffer würzen und mit etwas Zucker bestreuen. Die Oberfläche mit einem Bunsenbrenner flämmen oder alternativ die Platte 1 bis 2 Minuten unter den Backofengrill stellen. Austernpilze, Rucola und Parmesanspäne darauf verteilen und mit der restlichen Balsamico-Reduktion beträufeln.

Geflämmtes Rinderfilet mit Rucola, Parmesan und Austernpilzen

Brot- und Butter-Pudding mit Toffee-Banane

»Diese Rezepte sind meine Lieblingsgerichte, weil sie nicht nur gut schmecken, sondern einfach sind. Das ist mir besonders wichtig bei Desserts.«

Käsekuchen mit Erdbeeren

Brot- und **B**utter-Pudding mit Toffee-**B**anane

4 PORTIONEN

Pudding

8 Scheiben Weizentoast • 1 Vanilleschote • 250 g Crème double (ersatzweise Crème fraîche) • 300 ml Milch • 6 Eier • 130 g Zucker • 4 cl Baileys • 2 Bananen • Butter für die Form • 3 EL Pinienkerne

Backofen auf 180 °C (Umluft 160 °C, Gas Stufe 3) vorheizen. Toastbrot würfeln, auf ein Blech geben und im Backofen kurz anrösten. Vanilleschote längs aufschneiden und das Mark herauskratzen. Crème double und Milch mit dem Mark der Vanilleschote aufkochen. Die Eier mit Zucker und Baileys schaumig schlagen. Die heiße Milch unter die Eimasse rühren, beiseite stellen. Die Bananen schälen und in dünne Scheiben schneiden. Eine gebutterte, ofenfeste Form mit den Toastbrotwürfeln auslegen, anschließend mit den Bananenscheiben belegen und die Eiermilch langsam in die Form gießen. Zum Schluss die Pinienkerne darüber streuen. Im heißen Ofen ca. 25 bis 30 Minuten backen.

> **TIPP**: Statt den Toast zu würfeln, kann man die gerösteten Scheiben auch schichten wie auf dem Foto.

Toffee-Bananen

4 Bananen • 3 EL Zucker • 50 g Butter • Saft von 2 Limetten • 100 g Sahne

Bananen schälen und in Scheiben schneiden. Den Zucker mit 3 Esslöffeln Wasser in einem Topf aufkochen und bei mittlerer Hitze karamellisieren. Wenn der Zucker goldbraun geworden ist, nacheinander die Butter, den Limettensaft und die Sahne unterrühren, aufkochen lassen und die Bananenscheiben damit übergießen.

Zum Pudding die Toffee-Bananen heiß oder kalt servieren.

Käsekuchen mit Erdbeeren

8 BIS 12 STÜCKE

Boden

100 g Butter • 200 g Vollkornkekse

Backofen auf 180 °C (Umluft 160 °C, Gas Stufe 3) vorheizen. Die Butter in einem Topf schmelzen. Die Kekse in einer Schüssel zerbröseln und die flüssige Butter darüber geben. Beides gründlich mischen, in eine Springform (28 cm Ø) geben und fest am Boden andrücken.

Füllung

3 Eier • 500 g Quark, abgetropft • Saft von 1 Zitrone • 1 EL Mehl • 1 TL Backpulver • 125 g weiche Butter • 200 g Zucker • 250 g Erdbeeren, gewaschen, geviertelt

Eier, Quark und Zitronensaft in einer Schüssel verrühren. Mehl und Backpulver mischen und unter den Quark rühren. Weiche Butter und Zucker mit dem Mixer so lange rühren, bis der Zucker sich auflöst und die Butter schaumig wird. Anschließend die Quarkmasse unter die Butter heben und in die Kuchenform füllen. Zum Schluss die geviertelten Erdbeeren dazugeben.

Im heißen Ofen auf der 2. Schiene von unten ca. 50 Minuten backen. Den Kuchen im ausgeschalteten Ofen auskühlen lassen, damit er nicht zusammenfällt.

Banalitäten

»Meine lieben, goldigen Menschen, Brüder und Schwestern in Lukullus!«, so begrüßte Clemens Wilmenrod, der erste Fernsehkoch Deutschlands, die TV-Nation. Das war 1953. Ihm verdanken wir Kreationen wie »Spaghetti auf neapolitanische Art« und den legendären **»Toast Hawaii«**. Und den gibt es in diesem Kapitel neu zu entdecken. Außerdem: weitere Gerichte von sehr einfach bis ganz simpel. Denn es muss nicht immer die Haute cuisine sein, die begeistert. Hier finden Sie köstliche Banalitäten, die mit jeweils nur einem Bratgeschirr auskommen und die auch keiner exotischen Zutaten bedürfen, die **schnell gemacht** und vor allem unkompliziert sind. Und trotzdem haben diese Rezepte das Zeug zum Glücklichmachen! Wie zum Beispiel der »Spaghetti-Pilz-Kuchen«. Den gab es bestimmt jeden dritten, vierten Tag als »Personal-Essen« im »Neal-Street«-Restaurant in London. Um ihn haben wir uns regelrecht geprügelt, so **fantastisch** schmeckt der.

Kartoffelrösti

Kartoffelrösti

4 PORTIONEN

4-6 große, mehlig kochende Kartoffeln (à ca. 300 g) • Salz, Pfeffer, Muskatnuss • 3 EL Öl

Die Kartoffeln schälen und auf der Kastenreibe grob reiben. Mit Salz, Pfeffer und frisch geriebener Muskatnuss kräftig würzen. Das Öl in einer mittelgroßen Pfanne erhitzen. Röstimasse in 4 Portionen in die Pfanne geben. Mit dem Pfannenwender etwas formen, aber nicht zusammendrücken, und bei mittlerer Hitze etwa 3 bis 4 Minuten braten. Die Rösti vorsichtig wenden und von der anderen Seite nochmals einige Minuten goldbraun braten. Rösti aus der Pfanne nehmen und kurz auf Küchenpapier abtropfen lassen.

TIPP Dazu passt Apfelkompott – entweder aus dem Glas oder selbst gemacht: Einfach Äpfel schälen, entkernen und in grobe Stücke schneiden. In einem Topf mit etwas Weißwein und Wasser angießen, Zucker – und wer mag, etwas Vanille – dazugeben und leise köcheln lassen, bis die Äpfel zerfallen. Noch mal mit Zucker und eventuell mit etwas Zitronensaft abschmecken – fertig!

Spanisches Omelett

2 PORTIONEN

1 rote Paprikaschote • 1 rote Zwiebel • 2 Tomaten • 50 g grüne Oliven, ohne Stein • 1-2 Anchovis • 2 EL Olivenöl • 3-4 Eier

Paprika vierteln, entkernen und würfeln. Zwiebel schälen und würfeln. Die Tomaten vierteln, entkernen und in Stücke schneiden. Die Oliven in Scheiben schneiden und Anchovis fein hacken. Das Olivenöl in einer beschichteten Pfanne erhitzen. Paprika- und Zwiebelwürfel darin bei mittlerer Hitze 3 bis 4 Minuten anschwitzen. Die Hälfte der Tomaten dazugeben und weitere 1 bis 2 Minuten anschwitzen. Die verquirlten Eier zum Gemüse geben und bei mittlerer Hitze stocken lassen. Mit Oliven und Anchovis bestreuen, mit einem Spatel zusammenklappen und vor dem Servieren mit den restlichen Tomatenstückchen garnieren.

Spanisches Omelett

Tomatensalat mit Feigen

Kopfsalatherzen mit Joghurtdressing

Spaghetti mit Kartoffeln und sonnengetrockneten Tomaten

Tomatensalat mit Feigen

2 BIS 4 PORTIONEN

4 große, reife Tomaten • Salz, Pfeffer • 8 getrocknete Feigen • ca. 4 EL Olivenöl • ca. 2 EL Sherry-Essig

Die Tomaten in 5 mm dünne Scheiben schneiden und auf einer Platte dachziegelartig anrichten. Mit Salz und Pfeffer würzen. Die Feigen in feine Streifen schneiden und über die Tomaten streuen. Anschließend mit Olivenöl und Sherry-Essig beträufeln und erneut mit Salz und Pfeffer würzen.

Spaghetti mit Kartoffeln und sonnengetrockneten Tomaten

4 PORTIONEN

300 g Kartoffeln • Salz • 400 g Spaghetti • 80 g getrocknete Tomaten • 1 EL Olivenöl • 150 ml Instantbrühe • 40 g Butter • 2 EL gehackte Kräuter (z. B. Petersilie, Schnittlauch und Thymian) • Pfeffer • 1 Knoblauchzehe

Kartoffeln waschen und schälen, in 1 cm große Würfel schneiden, ca. 2 Minuten in kochendem Salzwasser garen und mit einem Schöpflöffel aus dem Wasser nehmen. Danach die Spaghetti im Kochwasser al dente kochen. In der Zwischenzeit die Tomaten in feine Streifen schneiden. Das Olivenöl in einer Pfanne erhitzen und die Kartoffelwürfel kurz anbraten. Brühe dazugeben, aufkochen und 5 Minuten kochen lassen. Dann die Tomatenstreifen zugeben, Butter und gehackte Kräuter einrühren. Die Sauce mit Salz, Pfeffer und etwas gehacktem Knoblauch abschmecken. Die Spaghetti abgießen, gut abtropfen lassen, in der Sauce durchschwenken und anrichten.

Kopfsalatherzen mit Joghurtdressing

4 PORTIONEN

1 Zitrone • 4 EL Naturjoghurt • 1 EL Olivenöl • Salz, weißer Pfeffer, Zucker • 4 Kopfsalatherzen (ersatzweise Römersalat)

Die Zitrone auspressen. Joghurt mit dem Zitronensaft und Olivenöl verrühren. Mit Salz, frisch gemahlenem weißem Pfeffer und Zucker abschmecken. Salat waschen, trockenschleudern, vierteln und mit dem Joghurtdressing anrichten.

> **TiPP**
> Man kann den klassischen Kopfsalat auch mal ganz anders machen: Einfach Kirschen aus dem Glas in etwas Butter anschwenken, pfeffern und dazugeben.

Das »echte« Tatar

4 PORTIONEN

1-2 kleine Gewürzgurken • 3 längliche Schalotten • 1 EL Kapern • 1/2 Bund Schnittlauch • 500 g Rinderfilet aus der Spitze • 2 EL Ketchup • 1 EL Dijon-Senf • 1-2 EL Olivenöl • Salz, Pfeffer

Gewürzgurke fein würfeln, die Schalotten schälen und ebenfalls fein würfeln. Kapern abtropfen lassen und hacken. Schnittlauch in feine Röllchen schneiden. Rinderfilet in sehr feine Würfel schneiden oder durch die feine Scheibe eines Fleischwolfs geben. Alle Zutaten in einer Schüssel miteinander vermengen. Mit Salz und Pfeffer würzen.

Toast Hawaii mit gegrillter Ananas

Das legendäre Rezept haben wir dem ersten TV-Koch aller Zeiten, Clemens Wilmenrod, zu verdanken.

2 BIS 4 PORTIONEN

4 Scheiben Toastbrot • Butter zum Bestreichen • 4 Scheiben gekochter Schinken • 4 Scheiben Ananas, frisch oder aus der Dose • 12 Scheiben Ziegenkäse von der Rolle oder 4 Scheiben Emmentaler

Die Brotscheiben toasten, jeweils mit Butter bestreichen und nacheinander mit Schinken, Ananas und Käse belegen. Die Toastscheiben auf ein Backblech legen und unter dem vorgeheizten Grill bei ca. 250 °C 1 bis 2 Minuten gratinieren.

> **TiPP**
> Frische Ananas kann man bereits fertig geschält in vielen Supermärkten bekommen, das Geld lohnt sich. Probieren Sie den Toast mal mit gegrillter Ananas! Dazu die Ananasscheiben in einer heißen Pfanne von jeder Seite kurz anbraten.

Das »echte« Tatar

Toast Hawaii mit gegrillter Ananas

Spaghetti-Pilz-Kuchen mit Tomatensauce

Spaghetti-Pilz-Kuchen mit Tomatensauce

6 BIS 8 PORTIONEN

Spaghetti-Pilz-Kuchen

500 g gemischte Pilze (z. B. Austernpilze, Shiitake, Champignons) • 1 EL Öl • 1 kg gekochte Spaghetti (vom Vortag) • 10 Eier • 250 g Sahne • Salz, Pfeffer, Muskatnuss

Pilze putzen und klein schneiden. Öl in einer großen, hochwandigen Pfanne erhitzen, die Pilze darin unter Rühren 2 bis 3 Minuten braten. Die Nudeln dazugeben und 1 weitere Minute braten. Die Eier in eine Schüssel geben und mit der Sahne verquirlen, mit Salz, Pfeffer und frisch geriebener Muskatnuss würzen und in die Pfanne geben. Die Pfanne bei 180 °C (Umluft 160 °C, Gas Stufe 3) in den Backofen stellen, bis die Eier gestockt sind (ca. 10 Minuten).

Tomatensauce

1 Dose Tomatenmark (40 g) • 1 EL Olivenöl • 2 Dosen gewürfelte Tomaten (insgesamt 400 g) • Salz, Pfeffer, Zucker • je 1 Hand voll frische Kräuter (z. B. Petersilie, Schnittlauch, Basilikum)

Tomatenmark in einer Pfanne im Olivenöl anschwitzen, Dosentomaten dazugeben, aufkochen lassen und mit Salz, Pfeffer und etwas Zucker abschmecken. Die Kräuter waschen und klein hacken, am Schluss zur Sauce dazugeben. Nach Bedarf die Sauce mit etwas Wasser verdünnen.

»Wenn es mittags Spaghetti-Pilz-Kuchen für uns Küchenpersonal bei Gennaro im Londoner ›Neal-Street‹-Restaurant gab, waren wir rundum glücklich!«

»Auch ein Spitzenkoch hat mal Heißhunger auf eine Currywurst!«

Currywurst mit hausgemachter Currysauce und Pommes frites

6 PORTIONEN

Currysauce

1 EL Olivenöl • 1 Dose Tomatenmark (125 g) • 2-3 EL Currypulver • 1 EL Cayennepfeffer • 250 ml Orangensaft • etwas gekörnte Instantbrühe • 2 Sternanis • Salz, Pfeffer, Zucker

Olivenöl in einem Topf erhitzen, Tomatenmark darin bei mittlerer Hitze kurz anschwitzen. Currypulver und Cayennepfeffer unterrühren und mit Orangensaft ablöschen. Etwas gekörnte Brühe einrühren, Sternanis dazugeben, alles zum Kochen bringen und 2 Minuten lang kochen. Mit Salz, Pfeffer und Zucker abschmecken. Wenn die Sauce zu dick wird, einfach mit etwas Wasser verdünnen.

Pommes

8 große, mehlige Kartoffeln (Ofenkartoffeln) • Salz • Frittierfett

Kartoffeln waschen und schälen. In ca. 3 cm dicke und 8 cm lange Streifen schneiden. Die Kartoffelstäbchen in kochendem Salzwasser 2 bis 4 Minuten blanchieren, abgießen und auf Küchenpapier abtropfen lassen. Das Fett auf 175 °C erhitzen. Kartoffelstäbchen im heißen Fett frittieren, bis sie goldbraun sind. Abtropfen lassen und salzen.

Würste

6 große Currywürste vom Fleischer (à 300 g) • 2 EL Öl

In der Zwischenzeit Currywürste im heißen Öl braten.

Die Currywürste mit der Sauce und den Pommes frites servieren.

Currywurst mit hausgemachter Currysauce und Pommes frites

Sonntagsbraten

Wenn sonntags bei meiner Großmutter die **dampfenden Schüsseln** auf den Tisch kamen, war ich glücklich! Ich glaube, so geht es heute noch allen Kindern. Es ist eben etwas besonders Schönes, wenn sich an einem Tag der Woche die Familie versammelt und etwas Gutes zusammen isst. Das muss natürlich nicht nur die eigene Familie sein, und einen Sonntag braucht es auch nicht für meine Gerichte. Ich habe einfach an eine große Runde gedacht, die gern beisammen ist, die sich Zeit für einander nimmt. Dann kommen **Fleisch und Fisch** auf den Tisch – und zwar in großen Stücken. Der Fisch im Ganzen – hier beispielsweise in der Salzkruste – und das Fleisch als Braten. Es schmeckt nämlich besser, je größer das Stück ist. Man nimmt sich Zeit zum Vorbereiten des Essens und zum Genießen. Ich glaube, an einem solchen Tag ist meine **Leidenschaft** fürs Kochen entstanden …

Lammkeule mit Zimt und Apfel-Lauch-Kuchen

Ich wollte das Lamm einmal anders präsentieren. Nicht mediterran mit Betonung auf Knoblauch und Rosmarin, sondern nordafrikanisch mit einem Hauch von Zimt. Schmeckt köstlich!

6 PORTIONEN

Lamm

1 kg Lammfleisch aus der Keule, vom Fleischer ausgelöst und gebunden • Salz, Pfeffer • 1-2 TL Zimtpulver • 1 EL Öl • 1 Rosmarinzweig • 3-4 Knoblauchzehen • Rotwein zum Ablöschen

Lammfleisch mit Salz, Pfeffer und Zimt einreiben. Öl in einer Pfanne erhitzen, Lammfleisch darin rundum scharf anbraten, anschließend in einen Bräter mit dem Rosmarinzweig und den geschälten ganzen Knoblauchzehen legen und im Backofen bei 200 °C (Umluft 180 °C, Gas Stufe 3-4) ca. 40 Minuten auf der mittleren Schiene garen. Vor dem Anrichten das Fleisch aus dem Bräter nehmen, in Alufolie einwickeln und mindestens 5 Minuten ruhen lassen. Den Bratensud mit etwas Rotwein ablöschen, kurz aufkochen lassen und mit Salz und Pfeffer würzen.

Apfel-Lauch-Kuchen

3 Scheiben Tiefkühl-Blätterteig (à ca. 20 x 10 cm) • Fett und Mehl für die Förmchen • 1-2 Stangen Lauch • Salz • 2-3 feste, säuerliche Äpfel • 1-2 EL Zitronensaft • 3 Eier • 300 ml Milch • Pfeffer, Muskatnuss

Den Blätterteig auftauen, mit einem Ausstecher oder Glas zu Kreisen (ca. 10 cm Ø) ausstechen. 6 Mulden einer Muffinform fetten und mit Mehl bestreuen und mit den Blätterteigkreisen auslegen. Lauch längs halbieren, waschen und in feine Halbkreise schneiden. Anschließend in kochendem Salzwasser ca. 1 Minute blanchieren, in kaltem Wasser abschrecken und dann in einem Sieb gut abtropfen lassen. Äpfel schälen, entkernen und würfeln. Mit etwas Zitronensaft und dem Lauch vermischen, leicht salzen und pfeffern und in die Blätterteigförmchen geben. Eier und Milch verquirlen, mit Salz, Pfeffer und frisch geriebener Muskatnuss abschmecken. Die Eiermilch in die Förmchen gießen. Bei 200 °C (Umluft 180 °C, Gas Stufe 3-4) ca. 10 bis 12 Minuten auf der mittleren Schiene backen.

Möhrengemüse

2 Bund kleine Möhren • 1 EL Butter • 1 EL gehackter Thymian • 1 TL geriebene Schale von 1 unbehandelten Zitrone

Die Möhren putzen und in großzügige Stücke schneiden. In einem flachen Topf die Butter schmelzen. Möhren mit gehacktem Thymian und dem Zitronenabrieb sowie etwas Salzwasser zur Butter geben und ca. 5 Minuten dünsten.

Je 1 Apfel-Lauch-Kuchen auf einen Teller setzen, mit 1 Scheibe Lammfleisch und Möhren anrichten und mit Bratensud beträufeln.

Lammkeule mit Zimt und Apfel-Lauch-Kuchen

Kasseler im Brotteig mit tomatisiertem Sauerkraut

Kasseler im Brotteig mit tomatisiertem Sauerkraut

Stopfen Sie nicht das gesamte Kraut in den Brotlaib. Was nicht hineinpasst, einfach aufgewärmt dazu servieren.

4 BIS 6 PORTIONEN

700 g frisches Sauerkraut • 1 Zwiebel • 1 Knoblauchzehe • 1 EL Olivenöl • 2 EL Tomatenmark • 200 ml Weißwein • 2 Lorbeerblätter • 3 Tomaten • 2 EL Honig • Salz, weißer Pfeffer • 1 großes Brot (etwas größer als das Fleisch) • 1 kg parierter Kasselerrücken, ohne Knochen • 3 EL grobkörniger Senf

Den Backofen auf 170 °C (Umluft 150 °C, Gas Stufe 3) vorheizen. Das Sauerkraut unter fließendem Wasser abspülen, ausdrücken und abtropfen lassen. Zwiebel und Knoblauch schälen, die Zwiebel in Streifen schneiden und die Knoblauchzehe fein würfeln. Beides im heißen Öl anschwitzen, Sauerkraut und Tomatenmark dazugeben und ebenfalls kurz mitschwitzen lassen. Mit dem Wein ablöschen und aufkochen. Lorbeerblätter hinzufügen und alles zugedeckt bei kleiner Hitze 20 Minuten garen. Die Tomaten vierteln, entkernen und würfeln. 5 Minuten vor Ende der Garzeit zum Kraut geben. Zuletzt die Lorbeerblätter entfernen und das Sauerkraut mit Honig, Salz und Pfeffer abschmecken. Vom Brot einen Deckel abschneiden und das Innere aushöhlen, sodass Kasseler und Sauerkraut Platz haben. Den Brotboden mit etwas Sauerkraut auslegen. Das Kasseler mit Senf einstreichen und in das Brot legen. Mit Sauerkraut bedecken und den Brotdeckel auflegen. Anschließend das Brot in Alufolie einpacken und für etwa 1 Stunde und 35 Minuten auf einem Rost auf der mittleren Schiene in den Ofen stellen. Die letzten 10 Minuten die Alufolie abnehmen.

»Wenn in meiner Familie umgezogen wird, gibt es immer einen Sauerkrauteintopf als Umzugssuppe. Daraus habe ich dieses Gericht entwickelt.«

Roastbeef mit grünen Bohnen, Croûtons und Parmesan

Roastbeef mit grünen Bohnen, Croûtons und Parmesan

Wer keine ofentaugliche Pfanne hat, also eine mit Griff aus Metall oder hitzebeständigem Plastik, wickelt etwas Alufolie um den Griff. Das reicht für die kurze Garzeit aus, um den Griff vor dem Schmelzen zu schützen.

4 PORTIONEN

Roastbeef

1 bunte Kräutermischung, z. B. Thymian, Rosmarin, Petersilie, Kerbel, Estragon • ca. 140 g weiche Butter • ca. 100 g Paniermehl • 1 kg komplett pariertes, flaches Roastbeef • Salz, Pfeffer • 2 EL Olivenöl • 60 g Parmesan, fein gehobelt • Olivenöl und Balsamico-Essig zum Beträufeln

Den Backofen auf 180 °C (Umluft 160 °C, Gas Stufe 3) vorheizen. Für die Kruste die Kräuter waschen, trocknen und fein schneiden. Die Butter aufschlagen und mit den Kräutern vermischen. Paniermehl dazugeben und verrühren, mit Salz und Pfeffer würzen. Das Fleisch trockentupfen und von beiden Seiten salzen und pfeffern. Olivenöl in einer ofenfesten Pfanne stark erhitzen, das Fleisch von allen Seiten scharf anbraten, anschließend mit der Kräutermasse bestreichen und für 25 Minuten mit der Pfanne in den Ofen geben. Dann das Fleisch aus dem Ofen nehmen, in Alufolie einwickeln und ca. 10 Minuten ruhen lassen.

> **TiPP** Parieren bedeutet, das Fleisch von überschüssigem Fett und Sehnen zu befreien. Das lassen Sie am besten vom Metzger machen.

> »*Ganz wichtig: Lassen Sie das Fleisch nach dem Braten ruhen. Dann entspannt es sich.*«

Grüne Bohnen

600 g grüne Bohnen • Salz • 1 Bund Thymian • 1 Bund Lauchzwiebeln • 4 EL Olivenöl

Inzwischen die Bohnen waschen, trocknen und putzen. In kochendem Salzwasser je nach Stärke 6 bis 8 Minuten bissfest gar kochen, abgießen, abschrecken und abgetropft beiseite legen. Den Thymian von den Stielen zupfen und grob hacken. Die Lauchzwiebeln putzen, in Ringe schneiden und mit dem Thymian im Olivenöl in einer Pfanne anbraten, dann die Bohnen dazugeben und darin erhitzen.

Croûtons

4 Scheiben Weizentoast • 1 Knoblauchzehe • 2 EL Olivenöl

Für die Croûtons das Brot würfeln, die Knoblauchzehe schälen und halbieren. 2 Esslöffel Olivenöl mit dem Knoblauch erhitzen, die Brotwürfel dazugeben und unter gelegentlichem Rühren goldbraun braten. Danach auf Küchenpapier abtropfen lassen.

Das Roastbeef aufschneiden und auf eine große Platte legen. Bohnen und Croûtons darüber geben und den Parmesan darüber streuen. Alles mit etwas Olivenöl und Balsamico-Essig beträufeln und servieren.

Entenkeulen mit Lebkuchenkruste, Orangensauce und Couscous mit Nüssen und Dörrobst

Das klingt schwierig, ist es aber nicht. Eigentlich kann man dabei nichts falsch machen, und durch die knusprige Kruste bleibt das Fleisch schön saftig.

6 PORTIONEN

Entenkeulen

6 Entenkeulen • Salz, weißer Pfeffer • 2 EL Olivenöl • 100 g weiche Butter • 120 g Paniermehl • 1 TL Lebkuchengewürz • frischer Koriander zum Garnieren

Den Backofen auf 180 °C (Umluft 160 °C, Gas Stufe 3) vorheizen. Die Entenkeulen waschen, abtrocknen, dann salzen und pfeffern. Das Öl in einem Bräter oder einer Pfanne erhitzen, die Keulen mit der Hautseite nach unten hineinlegen und goldbraun braten. Wenden und weitere 2 bis 3 Minuten braten. Den Bräter auf der mittleren Schiene in den heißen Ofen stellen und die Keulen ca. 35 Minuten braten. Inzwischen für die Kruste die Butter mit dem Paniermehl, etwas Salz und dem Lebkuchengewürz vermengen. Die Keulen aus dem Ofen nehmen und diesen auf Oberhitze umstellen (Gas auf Stufe 4-5 hochstellen). Die Krustenmasse auf den Entenkeulen verteilen, Keulen auf der mittleren Schiene zurück in den Ofen geben und 2 bis 3 Minuten bräunen lassen.

Couscous

300 ml Gemüsebrühe • 250 g Couscous • 1 EL Olivenöl • 200 g gemischtes Dörrobst • 120 g Nüsse nach Belieben (z. B. Walnüsse, Pecannüsse, Pinienkerne) • Salz, Pfeffer • 2-3 EL Zitronensaft

Die Gemüsebrühe aufkochen. Couscous in einer Schüssel mit dem Öl vermengen. Das Dörrobst klein schneiden. Die Nüsse fein hacken und in einer Pfanne ohne Fett goldbraun rösten. Obst und Nüsse mit dem Couscous mischen und mit der heißen Brühe übergießen. Alles zugedeckt 5 Minuten quellen lassen, dann mit einer Gabel auflockern, mit Salz, Pfeffer und Zitronensaft abschmecken und warm halten.

Orangensauce

2 unbehandelte Orangen • 2 gestrichene EL brauner Zucker • 1 EL kalte, gewürfelte Butter • Salz, weißer Pfeffer

Für die Sauce 1 Orange heiß abspülen und die Schale fein abreiben. Beide Orangen auspressen. Den Zucker in einer Pfanne schmelzen und leicht karamellisieren, mit dem Orangensaft ablöschen und einkochen lassen. Orangenschale und Butter unterrühren. Sauce mit Salz und Pfeffer abschmecken.

Die fertigen Keulen auf dem Couscous anrichten und mit der Sauce umgießen. Zum Schluss alles mit frischem Koriander garnieren.

Entenkeulen mit Lebkuchenkruste, Orangensauce und Couscous mit Nüssen und Dörrobst

»Bei den Entenkeulen kann man eigentlich nichts falsch machen.«

Fisch in Salzkruste

Fisch in Salzkruste

4 BIS 6 PORTIONEN

1 Wolfsbarsch, ca. 2 kg, ausgenommen, nicht geschuppt • 3 Knoblauchzehen • 3 Rosmarinzweige • 2 Thymianzweige • 2 Minzezweige • 1 Zitrone • 2 kg grobes Meersalz • 1 Eiweiß

In die Bauchhöhle des Fisches den geschälten und grob gehackten Knoblauch, die grob gehackten Kräuter und die geschälte und gewürfelte Zitrone füllen. Das Salz mit wenig Wasser und dem Eiweiß zu einem Teig vermischen. Den Boden einer Form oder eines Backblechs mit ca. einem Drittel des Salzgemisches bedecken. Den Fisch darauf legen und mit dem restlichen Salzgemisch bestreichen, sodass der Barsch komplett mit Salz bedeckt ist. 45 Minuten bei 210 °C (Umluft 190 °C, Gas Stufe 3-4) auf der mittleren Schiene backen. Zum Servieren die Salzkruste aufschlagen und vorsichtig vom Fisch ablösen.

TiPP Die Schuppen schützen den Fisch vor dem Versalzen, deshalb immer ungeschuppte Fische verwenden.

»*Für dieses Gericht eignet sich jeder Fisch mit einem schönen Schuppenkleid.*«

Kaninchen in Vanille mit Chili-Bratapfel

6 PORTIONEN

Kaninchen

1 Gemüsezwiebel • 5 Nelken • 6 kleine Kaninchenkeulen à 200 g • Salz, Pfeffer • 6 EL Öl • 1 Bund Suppengrün, gewürfelt • 1 Knoblauchzehe, gehackt • 1 Lorbeerblatt • 1 Vanilleschote • 1 EL Tomatenmark • 300 ml Weißwein

Den Backofen auf 220 °C (Umluft 200 °C, Gas Stufe 4) vorheizen. Die Zwiebel schälen, halbieren und eine Hälfte klein hacken, die andere Hälfte mit den Nelken spicken. Kaninchenkeulen salzen und pfeffern. 2 Esslöffel Öl in einer Pfanne erhitzen und die Keulen darin von beiden Seiten anbraten. Restliches Öl in einem Bräter erhitzen, darin das Suppengrün, die gehackte Zwiebel, die gespickte Zwiebelhälfte, Knoblauch und Lorbeerblatt unter Rühren 2 bis 3 Minuten anschwitzen. Vanilleschote längs aufschneiden, das Mark auskratzen, Schote und Mark mit dem Tomatenmark in den Bräter geben. Mit Weißwein ablöschen. Kaninchenkeulen auf das geschmorte Gemüse geben und im heißen Ofen auf der mittleren Schiene ca. 35 Minuten garen.

Chili-Bratäpfel

6 säuerliche Äpfel • 5 Frühlingszwiebeln • 1 Chilischote, gehackt • 1-2 TL Koriandersaat • 3 EL Olivenöl • Salz, Pfeffer, Zucker

Das obere Drittel der Äpfel abschneiden und die Kerne aus den Äpfeln entfernen. Das Fruchtfleisch aushöhlen, dabei einen etwa 0,5 cm breiten Rand lassen. Das Fruchtfleisch hacken. Frühlingszwiebeln putzen und fein schneiden, mit Apfelfruchtfleisch, Chili und Koriandersaat mischen. 2 Esslöffel Olivenöl in einer Pfanne erhitzen und die Apfelmischung darin bei mittlerer Hitze 2 bis 3 Minuten anschwitzen. Mit Salz, Pfeffer und Zucker würzen und in die ausgehöhlten Äpfel füllen. Das obere Drittel der Äpfel aufsetzen und die Äpfel mit dem restlichen Olivenöl und Weißwein in eine Pfanne geben. Zugedeckt auf dem Herd zum Kochen bringen und bei mittlerer Hitze 5 bis 6 Minuten dünsten.

Je 1 Kaninchenkeule und 1 Chili-Bratapfel auf dem Teller anrichten und mit etwas Sauce aus dem Bräter beträufeln.

> »Nach dem Chili-Schneiden Händewaschen nicht vergessen!«

Kaninchen in Vanille
mit Chili-Bratapfel

»Ich finde es am Schönsten, wenn man beim Sonntagsbraten zusammensitzt und genießt. Dann entsteht so etwas wie eine italienische Atmosphäre ...«

Kalbshaxe mit Sternanis

4 PORTIONEN

6 Möhren • 3 Gemüsezwiebeln • 1 kleine Sellerieknolle • 2 Kalbshaxen à ca. 1,6 kg, vom Fleischer geputzt • Salz, Pfeffer • 3 EL Olivenöl • 40 g Tomatenmark • 500 ml trockener Weißwein • 1 l Instantbrühe • 4 Knoblauchzehen • 3 Sternanis

Möhren, Zwiebeln und Sellerie schälen und in walnussgroße Stücke schneiden. Die Haxen mit Salz und Pfeffer würzen und in einem Bräter im heißen Olivenöl von allen Seiten anbraten, anschließend herausnehmen. Im selben Bräter nun das Gemüse anschwitzen, das Tomatenmark hinzufügen und alles 4 bis 5 Minuten anbraten. Mit Weißwein ablöschen und mit der Brühe auffüllen. Die Haxen mit dem geschälten Knoblauch und dem Sternanis wieder in den Bräter geben und die Flüssigkeit zum Kochen bringen. Den Bräter mit Alufolie abdecken und im Ofen bei 160 °C (Umluft nicht empfehlenswert, Gas Stufe 2) ca. 3 Stunden schmoren. 30 Minuten vor Ende der Garzeit die Folie entfernen und die Haxen bräunen lassen. Haxen herausnehmen und 10 Minuten in der Folie ruhen lassen. Den Bratfond durch ein Sieb geben, entfetten und mit Salz und Pfeffer würzen. Zu den Haxen servieren.

> **TIPP**
> Sehr gut dazu passen Ofenkartoffeln vom Blech; dann werden bei diesen Mengen auch 6 Personen satt. Dazu einfach kleine Kartoffeln mit Schale aufs Blech legen, mit grobem Meersalz würzen, mit Olivenöl beträufeln und bei 200 °C backen, bis sie gar sind.

Kalbshaxe mit Sternanis

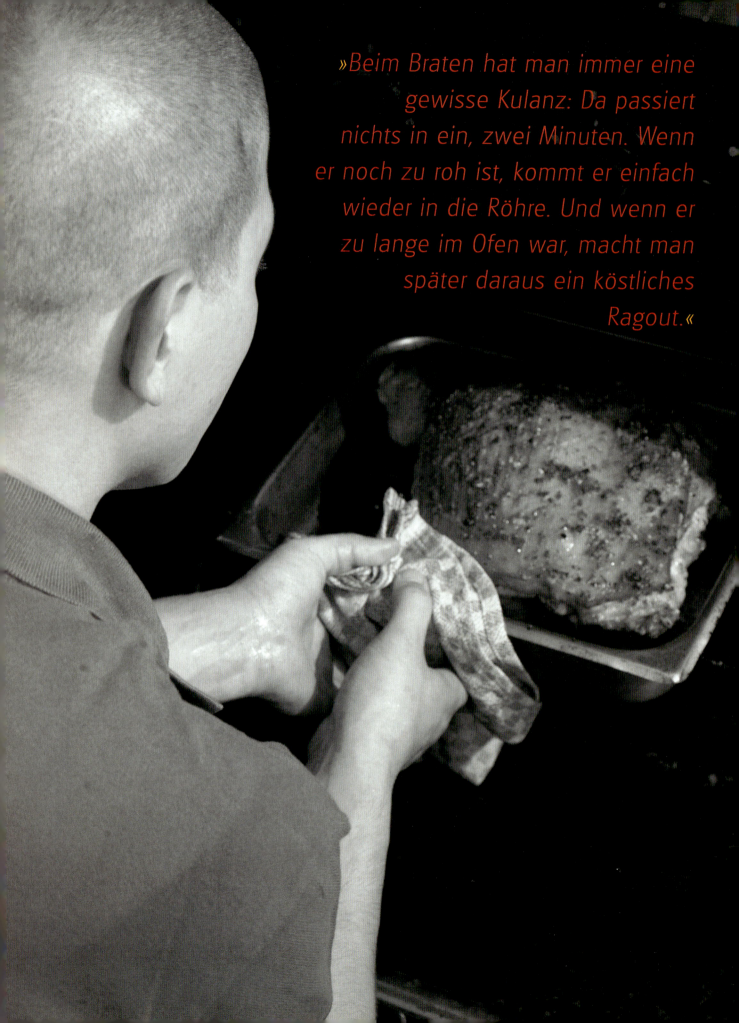

»Beim Braten hat man immer eine gewisse Kulanz: Da passiert nichts in ein, zwei Minuten. Wenn er noch zu roh ist, kommt er einfach wieder in die Röhre. Und wenn er zu lange im Ofen war, macht man später daraus ein köstliches Ragout.«

Family-Food

Mit einem guten Essen konnte man mich an den Tisch fesseln, schon als ganz kleiner Junge. Viele der Gerichte, die damals für mich gekocht wurden, liebe ich heute immer noch. Bei »Family-Food« habe ich deshalb auch in erster Linie an die Kinder gedacht. Klar, mit einer **Pizza** aus dem Ofen kann man sie schnell glücklich machen, aber hier möchte ich gern zeigen, dass es auch anders geht. Kochen Sie zusammen mit Ihrem Nachwuchs! Das macht Spaß – den Kleinen wie Ihnen. Ich weiß das aus meinen Kinderkochkursen, die ich gelegentlich in meinem Restaurant »Das weiße Haus« veranstalte. Damit bringt man die **Knirpse auf den Geschmack** und kann sie auch schon mal für »Königsberger Klopse« und »Hühnerfrikassee mit grünem Spargel« begeistern. Die Zitronenrolle zum Abschluss musste unbedingt in dieses Kapitel mit hinein; daran hängen so viele köstliche **Erinnerungen** an meine eigene Kindheit …

Hühnerfrikassee mit grünem Spargel, Champignons und Risi Bisi

4 PORTIONEN

Hühnerfrikassee

6 Hühnerkeulen, ohne Haut • Salz, Pfeffer • Mehl • 250 g weiße Champignons • 500 ml Instantbrühe • 100 ml Weißwein • 1 Becher Crème fraîche • etwas Zitronensaft • 500 g grüner Spargel • 2-3 Estragonzweige

Die Hühnerkeulen im Gelenk trennen, mit Salz und Pfeffer würzen und in etwas Mehl wenden. Danach kurz in der Pfanne anbraten, ohne dass sie Farbe annehmen, herausnehmen und beiseite stellen. Die Champignons putzen, halbieren und in die Pfanne geben. Mit etwas Mehl bestäuben und mit der Brühe und dem Weißwein aufgießen. Aufkochen lassen, die Keulen wieder hineingeben und ca. 20 Minuten bei mittlerer Hitze kochen. Crème fraîche dazugeben und erneut aufkochen lassen. Mit Salz, Pfeffer und Zitronensaft würzen. Die Hühnerteile herausnehmen, kurz abkühlen lassen und das Fleisch von den Knochen lösen. Die holzigen Enden vom Spargel abschneiden und den Spargel für ca. 2 Minuten in kochendem Salzwasser garen. Anschließend in Eiswasser abschrecken und in mundgerechte Stücke schneiden. Die Sauce erneut aufkochen, das Hühnerfleisch und den Spargel dazugeben. Estragon abzupfen, klein hacken und dazugeben.

Risi Bisi

80 g Butter • 1 Zwiebel, fein gewürfelt • 200 g Langkornreis • Salz, Pfeffer • 400 ml Instantbrühe • 250 g tiefgekühlte Erbsen

Die Butter in einem Topf zerlassen und die Zwiebelwürfel darin anschwitzen. Den Reis dazugeben und mit Salz und Pfeffer würzen. Brühe zugeben und auf kleiner Flamme zugedeckt ca. 20 Minuten langsam garen. Die Erbsen untermischen und alles weitere 5 Minuten im geschlossenen Topf ziehen lassen.

Risi Bisi und Hühnerfrikassee auf einem Teller anrichten und servieren.

TIPP
Hier kann man statt Erbsen auch Speck, Tomaten, Kräuter, Schinken, Pilze etc. hinzufügen.

Hühnerfrikassee mit grünem
Spargel, Champignons und Risi Bisi

Pizza mit Rucola,
Parmaschinken und Mozzarella

Pizza mit Rucola, Parmaschinken und Mozzarella

4 BIS 6 PORTIONEN

Teig

500 g Mehl • 1 Prise Zucker • 1 TL Salz • 1 Päckchen frische Hefe • ca. 250 ml lauwarmes Wasser • etwas Öl für das Backblech

Den Backofen auf der höchsten Stufe vorheizen. Für den Teig Mehl mit Zucker und Salz in eine Schüssel geben. Hefe darüber bröckeln und alles miteinander vermengen. Das Wasser langsam zugießen und alles zu einem geschmeidigen Teig verkneten. Dann den Teig abdecken und ca. 15 Minuten an einem warmen Ort gehen lassen. Anschließend den Teig noch mal kurz kneten und auf einer bemehlten Fläche dünn ausrollen. Ein Backblech leicht ölen, den ausgerollten Teig auf das Blech geben, abdecken und weitere 10 Minuten gehen lassen.

Belag

4-5 Tomaten • 200 ml passierte Tomaten (Fertigprodukt) • 2 EL Tomatenmark • 2 Knoblauchzehen • ca. 1 TL getrockneter Oregano oder Majoran • 200 g Mozzarella, vorzugsweise aus Büffelmilch, in Scheiben geschnitten • 1 Bund Rucola • 80 g Parmaschinken, in dünnen Scheiben • 2 EL guter Balsamico-Essig • Olivenöl • Salz, schwarzer Pfeffer

Inzwischen für den Belag 2 Tomaten, passierte Tomaten, Tomatenmark, geschälten Knoblauch und Kräuter in den Mixer geben und pürieren. Den Pizzateig mit dem Tomatenpüree bestreichen. Die restlichen Tomaten in Scheiben schneiden und den Teig mit den Tomatenscheiben und dem Mozzarella belegen. Auf der untersten Schiene des Ofens auf der höchsten Stufe ca. 15 Minuten backen. Rucola putzen, waschen und trockenschleudern. Die Pizza aus dem Ofen nehmen und mit Rucola und Parmaschinken belegen. Mit Balsamico-Essig und Olivenöl beträufeln, salzen und pfeffern.

Königsberger Klopse

4 PORTIONEN

1-2 altbackene Brötchen • 600 g Kalbshack • 1 Gemüsezwiebel, fein gewürfelt • 1 Knoblauchzehe, fein gehackt • 1 TL Senf • 1 EL fein gehackte Petersilie • Salz, Pfeffer • 50 g Butter • 50 g Mehl • 2 EL Kapern • 200 g Sahne

Brötchen in warmem Wasser 10 Minuten einweichen und ausdrücken. Mit Hackfleisch, Zwiebelwürfeln, Knoblauch, Senf und Petersilie in einer Schüssel mischen. Mit Salz und Pfeffer würzen und mit feuchten Händen zu 8 runden Klopsen formen. Ca. 2 l leicht gesalzenes Wasser zum Kochen bringen. Die Hackbällchen in das kochende Wasser geben. Bei mittlerer Hitze knapp unter dem Siedepunkt ca. 20 Minuten gar ziehen lassen. Herausnehmen und warm halten. 800 ml vom Kochfond abmessen und in einen zweiten Topf geben. Butter und Mehl miteinander verkneten. Die Mischung flöckchenweise unter Rühren zum abgemessenen Fond geben und 2 Minuten kochen lassen. Anschließend die Kapern und die Sahne dazugeben, aufkochen lassen und mit Salz und Pfeffer abschmecken. Ganz zum Schluss die Klopse in die Sauce geben. Dazu passt hervorragend Risi Bisi, siehe Seite 56.

Königsberger Klopse

Kartoffelgnocchi mit Tomaten und Ricotta

Wer es eilig hat, kauft Gnocchi aus dem Supermarkt. Mit meiner Sauce schmecken auch die ...

4 PORTIONEN

Gnocchi

500 g gekochte, geschälte Kartoffeln • ca. 150 g Mehl • 2 Eier • Salz, Pfeffer, Muskatnuss

Die gekochten Kartoffeln auf der Kartoffelreibe reiben oder alternativ durch eine Kartoffelpresse pressen. Mit Mehl und Eiern vermengen, bis ein geschmeidiger, fast trockener Teig entsteht. Wenn nötig, noch Mehl dazugeben. Mit Salz, Pfeffer und frisch geriebener Muskatnuss würzen. Aus dem Teig Rollen mit einem Durchmesser von ca. 1,5 cm formen. Die Rollen in 1 cm breite Stücke schneiden. Die Stücke mit den Händen zu kleinen Kugeln drehen und einseitig mit einer Gabel eindrücken. Die Gnocchi in kochendes Salzwasser geben und kochen, bis sie an der Oberfläche schwimmen. Mit einer Schaumkelle herausnehmen und abtropfen lassen.

Sauce

10 reife Tomaten • Olivenöl • Salz, Pfeffer • 1 Bund Basilikum • 150 g Ricotta

Für die Sauce die Tomaten vierteln, entkernen und in kleine Würfel schneiden. Olivenöl in einer Pfanne erhitzen und die Tomaten darin bei mittlerer Hitze zerfallen lassen. Mit Salz und Pfeffer abschmecken.

Die Gnocchi zu der Tomatensauce geben und erwärmen. Kurz vor dem Servieren Basilikum in Streifen schneiden, die Basilikumstreifen dazugeben und den Ricotta unterheben.

Kartoffelgnocchi mit Tomaten und Ricotta

Wiener Schnitzel mit Kartoffel-Gurken-Salat

Wiener Schnitzel mit Kartoffel-Gurken-Salat

4 BIS 6 PORTIONEN

Schnitzel

4 Eier • Salz, Pfeffer • 100-150 g Mehl • 200 g Semmelbrösel oder Paniermehl • 4-6 hauchdünne Schnitzel vom Kalb, aus der Oberschale (ersatzweise vom Schwein) • Butterschmalz oder Öl • Saft von 1-2 Zitronen

Eier verquirlen, mit Salz und Pfeffer würzen und in eine flache Form geben. Das Mehl in eine weitere flache Form geben und ebenso die Semmelbrösel. Die Schnitzel zunächst im Mehl wenden, durch das Ei ziehen und abschließend in die Semmelbrösel drücken. Ein zweites Mal durchs Ei ziehen und erneut ins Paniermehl drücken. Das Fett in einer Pfanne erhitzen und die Schnitzel darin bei mittlerer Hitze goldbraun ausbacken. Die Schnitzel anschließend auf Küchenpapier abtropfen lassen. Das Fett abgießen und die Pfanne mit Zitronensaft ablöschen und das Fleisch damit übergießen.

Kartoffel-Gurken-Salat

1-2 Salatgurken • 800 g gekochte und geschälte Pellkartoffeln (am besten vom Vortag) • 6 Schalotten • 300 ml Instantbrühe • 1-2 EL Weißweinessig • 1 EL grobkörniger Dijon-Senf • Salz, Pfeffer

Die Salatgurken schälen, entkernen und in feine Scheiben schneiden. Die Kartoffeln in ca. 0,5 cm dicke Scheiben schneiden, zusammen mit den Gurken in eine Schüssel geben. Die Schalotten schälen und in feine Ringe schneiden. Brühe mit den Schalotten und dem Essig aufkochen und 5 Minuten ziehen lassen. Kartoffeln und Gurken mit der warmen Brühe übergießen. Den Senf unterheben und mit Salz und Pfeffer abschmecken.

Die Schnitzel mit dem Kartoffelsalat anrichten.

»Uroma und Zitronenrolle, das gehörte für mich einfach zusammen.«

Zitronenrolle

Wehe, meine Uroma hatte keine Zitronenrolle gemacht, wenn wir zu Besuch kamen. Dann war ich unausstehlich! Zitronenrolle musste sein, genauso wie der Steckrübeneintopf oder die Sprengel-Schokolade – wenn eines davon fehlte, schmiss ich mich als kleiner Junge auf den Boden und tobte.

6 STÜCKE

Biskuit

3 Eier • 3 Eigelbe • 70 g Zucker • 1 Päckchen Vanillezucker • 70 g Mehl, gesiebt • 1/2 TL Backpulver • Zucker zum Streuen • Puderzucker zum Bestäuben

Den Ofen auf 180 °C (Umluft 160 °C, Gas Stufe 3) vorheizen. 3 komplette Eier und die zusätzlichen 3 Eigelb zusammen mit dem Zucker mit dem Mixer schaumig rühren. Danach den Vanillezucker unterziehen und weitere 2 Minuten kräftig rühren. Mehl und Backpulver auf einmal zugeben und nochmals kurz unterrühren. Den Teig auf einem mit Backpapier ausgelegten Blech gleichmäßig ausstreichen und ca. 8 Minuten im vorgeheizten Ofen backen. Den Biskuit sofort nach dem Backen vom Blech nehmen, auf ein mit etwas Zucker bestreutes Küchentuch legen und abkühlen lassen.

Zitronencreme

3 Eigelbe • 5 EL heißes Wasser • 80 g Zucker • Saft und Abrieb von 2 unbehandelten Zitronen • 3 Blatt Gelatine (in kaltem Wasser eingeweicht) • 3 Eiweiß, zu Eischnee geschlagen • 125 g geschlagene Sahne

Die Eigelbe mit 2 Esslöffeln heißem Wasser schaumig rühren, nach und nach den Zucker unterheben, bis eine cremige Masse entsteht. Zitronensaft und -schale ebenfalls nach und nach unterrühren. Die Gelatine mit 3 Esslöffeln heißem Wasser anrühren und langsam erwärmen, bis sie sich auflöst. Danach 2 Esslöffel der Zitronen-Eigelb-Masse in die aufgelöste Gelatine rühren. Die Gelatinemasse unter die übrige Eigelb-Zitronen-Masse schlagen, wenn die Masse beginnt, dicklich zu werden. Eiweiß und geschlagene Sahne vorsichtig unterheben (dies geht mit den Händen am besten). Die noch zähflüssige Masse auf den abgekühlten Biskuitboden streichen und diesen dann aufrollen.

Vor dem Servieren mit Puderzucker bestäuben.

Cooking for Two

Monsieur, hier kommt Ihr Einsatz! Könnte ja sein, dass Sie versuchen, die Dame Ihres Herzens durch Ihre **Kochkunst zu beeindrucken** – hier sind die besten Rezepte! Alles leicht zuzubereiten, und das Essen liegt auch nicht schwer im Magen, damit da noch Platz ist für … Eigentlich sind das alles sogar richtige **Blendergerichte**: große Wirkung, aber kleiner Aufwand. Damit können Sie wirklich punkten, ohne gleich einen vierfachen Salto zu vollführen. Probieren Sie es aus! Sie werden sehen: Liebe geht doch durch den Magen. Klingt vielleicht abgeschmackt, ist aber wahr. Es gibt doch nichts Schöneres, als bekocht zu werden: wenn sich jemand Gedanken darüber macht, was dem anderen schmecken könnte, und wenn das Ergebnis dann duftend auf dem Tisch steht.
Das ist doch die reinste **Verführung**, oder?! Also ich freue mich jedenfalls wie ein Schneekönig, wenn man mich zum Essen einlädt. Tut bloß keiner mehr. Wie schade!
PS: Keine Frage! Frauen dürfen diese Rezepte natürlich auch nachkochen.

Wassermelonensalat

Wassermelonensalat

2 PORTIONEN

10 Scampi à ca. 30 g, ohne Kopf und Schale • 1-2 TL Paprikapulver, edelsüß • Saft und fein abgeriebene Schale von 1 unbehandelten Orange • 200 g weißer Spargel • 2 EL Zitronensaft • Salz, Pfeffer, Zucker • 3 EL Olivenöl • 400 g Wassermelone, ohne Schale und Kerne • 200 g Hüttenkäse • frische Zitronenmelisse zum Garnieren

Die Scampi kalt abspülen, trocknen und mit Paprikapulver, Orangensaft und -abrieb marinieren. Spargel schälen und holzige Enden abschneiden. Den Spargel mit dem Sparschäler längs in Scheiben hobeln. In eine Schüssel geben und mit Zitronensaft, Salz, Pfeffer, Zucker und 2 Esslöffeln Olivenöl mischen. Melone würfeln und mit dem Spargel mischen. Die Scampi im restlichen heißen Öl in einer Pfanne von jeder Seite 30 bis 40 Sekunden braten und auf den Salat geben. Hüttenkäse auf dem Salat verteilen und mit den Blättern der Zitronenmelisse garnieren.

Grüne Gazpacho

2 PORTIONEN

2 Scheiben Toastbrot • 1 grüne Pfefferschote • 1 Salatgurke • 1 Knoblauchzehe • 1 Bund Frühlingszwiebeln • 1 grüne Paprikaschote • 1 Stange Staudensellerie • 5 EL Weißweinessig • 4 EL Olivenöl • Salz, Pfeffer, Zucker

Das Toastbrot entrinden und in etwas kaltem Wasser einweichen. Pfefferschote und Salatgurke (bis auf ein 3 cm langes Stück zur späteren Verarbeitung) waschen, entkernen und grob würfeln. Die Knoblauchzehe schälen, Frühlingszwiebeln putzen und grob schneiden, Paprika und Staudensellerie grob würfeln. Das Toastbrot gut ausdrücken, mit dem Gemüse, dem Essig und dem Öl in ein hohes Gefäß geben und mit dem Mixstab fein pürieren, eventuell mit etwas Wasser verdünnen. Gazpacho mit Salz, Pfeffer und Zucker würzen und mindestens 1 Stunde kalt stellen. Die restliche Salatgurke sehr fein würfeln und die kalte Suppe damit garnieren. Mit knusprigen Baguettescheiben servieren.

Grüne Gazpacho

Feldsalat mit Avocado, Pink Grapefruit und Parmesanchips

Die Parmesanchips gehen einfach, wenn man weiß wie: Den Käse so auf das Blech streuen, dass ein Kreis entsteht, der wenige Millimeter dick ist. Wenn der Käse schmilzt, verläuft er in sich. Abgekühlt wird daraus eine große Scheibe, die man dann in Stücke brechen kann.

2 PORTIONEN

100 g Parmesan • 1 rote Zwiebel • 1 EL Rosinen • Salz, Pfeffer, Zucker • 3-4 EL Olivenöl • 2 EL weißer Balsamico-Essig • 1 Pink Grapefruit • 1 reife Avocado • 250 g Feldsalat

Den Parmesan sehr fein reiben. Auf ein mit Backpapier ausgelegtes Blech geben und zu einem Kreis formen. Im heißen Ofen bei 200 °C (Umluft nicht empfehlenswert, Gas Stufe 3-4) goldbraun backen. Auskühlen lassen und in kleine Stücke brechen. Die Zwiebel schälen, in sehr dünne Ringe schneiden, mit den Rosinen in eine Schüssel geben. Salz, Pfeffer, Zucker, Öl und Essig dazugeben und 10 Minuten marinieren. Die Grapefruit so schälen, dass das Weiße entfernt wird, und das Fruchtfleisch aus den Trennhäuten lösen. Avocado halbieren und den Stein entfernen. Das Fruchtfleisch würfeln und mit der zerkleinerten Grapefruit vermischen. Feldsalat waschen, putzen und trockenschleudern. Salat auf eine Platte geben, die marinierten Zwiebelringe und die Avocado-Grapefruit-Mischung darauf verteilen. Mit den Chips bestreuen.

Honigglasierter Lachs mit Gurkensalat und Erdnuss-Pesto

2 PORTIONEN

Lachs

1 kleine Knoblauchzehe • 1 EL flüssiger Honig • 1 EL Weißweinessig • 4 EL Sojasauce • Pfeffer • 2 Stücke Lachs mit Haut (geschuppt) à ca. 160 g • 1 EL Öl

Für den glasierten Lachs zunächst den Knoblauch schälen, fein hacken und in einer Schüssel mit Honig, Essig und Sojasauce verrühren. Die Sauce mit Pfeffer würzen. Lachs abspülen, trockentupfen und in einer Pfanne im heißen Öl auf der Hautseite scharf anbraten, bis die Haut kross ist. Den Fisch wenden, kurz weiterbraten, dann mit der Sauce übergießen und warm stellen.

Gurkensalat und Pesto

1 Salatgurke • Zucker • 1 Chilischote • 75 g gesalzene Erdnüsse aus der Dose • 1 Bund frischer Koriander • Olivenöl • Weißweinessig

Die Gurke schälen, längs vierteln, entkernen und in lange Streifen schneiden. Die Gurkenstreifen leicht zuckern und Wasser ziehen lassen. Chilischote entkernen, fein hacken und mit Erdnüssen und Koriander im Mörser zerstoßen. Mit einigen Esslöffeln Olivenöl zu einer homogenen Masse verrühren, mit Weißweinessig abschmecken.

Die Gurkenstreifen auf Tellern anrichten, mit dem Erdnuss-Pesto beträufeln und mit den warmen, glasierten Lachsstücken servieren.

Feldsalat mit Avocado, Pink Grapefruit und Parmesanchips

»Lachs ist sich für nichts zu schade – es gibt keinen Fisch, der so vielseitig ist.«

Honigglasierter Lachs mit Gurkensalat und Erdnuss-Pesto

Auberginen-Lachs-Tarte mit Kapernbutter

Auberginen-Lachs-Tarte mit Kapernbutter

Man sollte immer damit rechnen, dass Gäste zu spät zum Essen kommen. Bei diesem Gericht macht das aber nichts. Die Tarte lässt sich wunderbar vorbereiten, und wenn die Gäste endlich da sind, kommt die Mahlzeit ab in den Ofen.

2 PORTIONEN

1 Knoblauchzehe • 2-3 Auberginen • 1-2 EL Olivenöl • 1 Eigelb • 2 EL Crème fraîche • 1 Scheibe Tiefkühl-Blätterteig (ca. 20 x 10 cm) • 200 g Lachsfilet ohne Haut • Salz, Pfeffer • 1 Tomate • 1 EL Kapern aus dem Glas • 1 EL Butter • 2 EL fein gehackte Petersilie

Den Knoblauch schälen und fein hacken, die Auberginen grob würfeln. Knoblauch und Auberginen in einer Pfanne im heißen Olivenöl anbraten und eventuell entstandene Flüssigkeit einkochen lassen. Die Auberginenmasse etwas abkühlen lassen und anschließend Eigelb und 1 Esslöffel Crème fraîche untermischen und mit dem Mixstab pürieren. Den Blätterteig auf einer bemehlten Arbeitsfläche auftauen lassen und mit einem Rollholz leicht ausrollen. Aus dem Teig 2 Kreise (ca. 12 cm Ø) ausstechen. Die Auberginenmasse gleichmäßig auf den Teigkreisen verteilen, dabei einen ca. 1 cm breiten Rand frei lassen. Auf ein mit Backpapier ausgelegtes Blech legen. Den Lachs in dünne Scheiben schneiden und auf der Auberginenmasse verteilen, salzen und pfeffern. Die Tomate in Scheiben schneiden und auf den Lachs legen. Im vorgeheizten Backofen bei 200 °C (Umluft 180 °C, Gas Stufe 3-4) auf der 2. Schiene von unten 15 bis 20 Minuten backen. Die Kapern fein hacken. Butter in einer Pfanne erhitzen, bis sie schaumig wird, und dann die Kapern darin anschwitzen. 2 Esslöffel Wasser, restliche Crème fraîche und die Petersilie untermischen und mit Salz und Pfeffer würzen. Die Tartes aus dem Ofen nehmen und vor dem Servieren mit der Kapernbutter beträufeln.

Clafoutis von Waldbeeren

2 PORTIONEN

4 Eier • 1 Prise Salz • 50 g Zucker • 100 g Marzipan • 150 ml Milch • 25 g Mehl • 25 g Speisestärke • 150 g Waldbeeren (frisch oder tiefgekühlt) • Puderzucker zum Bestäuben

Die Eier trennen. Das Eiweiß mit 1 Prise Salz und ca. 20 g Zucker mit dem Mixer zu steifem Schnee schlagen. Das Eigelb mit dem restlichen Zucker cremig schlagen. Marzipan und Milch in einem hohen Gefäß mit dem Mixstab fein pürieren. Mehl und Speisestärke auf die Zucker-Eigelb-Masse sieben und verrühren, die Marzipanmilch unterrühren. Den Eischnee behutsam unterheben. Den Teig in eine Auflaufform füllen und die Waldbeeren darüber verteilen. Bei 190 °C (Umluft 170 °C, Gas Stufe 3) auf der 2. Schiene von unten 15 bis 20 Minuten backen. Vor dem Servieren mit etwas Puderzucker bestäuben.

TIPP: Es eignen sich fast alle Beeren für diesen Clafoutis.

Clafoutis von Waldbeeren

Blaubeerjoghurtcrème mit Rosmarin und Baiserhaube

Blaubeerjoghurtcrème mit Rosmarin und Baiserhaube

Das ist ein Paradebeispiel für einen Blender. Sieht wunderschön aus, kostet aber nicht mal fünf Minuten Zubereitungszeit. Da braucht der Abwasch länger als die Vorarbeit …

2 PORTIONEN

150 g griechischer Sahnejoghurt • 2 EL Zucker • 125 g Blaubeeren • 75 ml trockener Rotwein • 1 kleiner Rosmarinzweig • 1 Baiser vom Bäcker • Kakaopulver zum Bestäuben

Den Joghurt mit 1 Esslöffel Zucker verrühren. Blaubeeren waschen und abtropfen lassen. Die Hälfte der Blaubeeren mit Rotwein, gehacktem Rosmarin und 1 Esslöffel Zucker aufkochen und etwas einkochen lassen. Das heiße Blaubeerkompott über die restlichen Blaubeeren geben und miteinander vermischen. Das Baiser zerbröseln. Joghurt, Blaubeerkompott und Baiser abwechselnd in 2 Gläser füllen, wobei Baiser-Brösel die letzte Schicht bilden. Zum Schluss mit Kakaopulver bestäuben.

... vom Küchenbullen

»Küchenbullen« werden Köche genannt, die sich wie Tiere in der Küche benehmen, die herumschreien, brüllen und mit Töpfen und Pfannen um sich schmeißen. Ich nenne mich manchmal scherzhaft so, obwohl meine **Crew im »Weißen Haus«** hoffentlich nichts auszustehen hat. Meine Gäste will ich hier jedenfalls immer wieder mit meinen essbaren Kreationen begeistern. Und Ihnen möchte ich zeigen, was es sonst noch unterm Küchenhimmel gibt. Die Rezepte, die Sie hier finden, sind nicht unbedingt schwieriger nachzukochen als die bisherigen. Der Unterschied besteht nur darin, dass ich Produkte und Kombinationen gewählt habe, die etwas **exotischer**, etwas ausgefallener sind als bei den anderen Rezepten. Sie sind einen Tick umständlicher, aber **nicht komplizierter** umzusetzen. Darauf habe ich ganz besonders geachtet, weil mir aufgefallen ist, dass in vielen Kochbüchern hervorragende Rezepte stehen, die bloß leider für Nicht-Küchenprofis sehr, sehr schwer nachzuvollziehen sind. Ich hoffe, Sie können meine Ideen leicht umsetzen, und vor allem hoffe ich, dass sie Sie begeistern. Denn auf diese Gerichte bin ich **richtig stolz!**

Thunfischtatar mit Mojo verde

4 BIS 6 PORTIONEN

Tatar

600 g Thunfisch (Sushi-Qualität) • 2 Bund Petersilie • 1-2 EL Kapern • 1 rote Zwiebel • 1-2 Zitronen oder Limetten • 1 TL mittelscharfer Senf • 3 EL Olivenöl • Zucker, Salz, Pfeffer

Den Thunfisch eventuell leicht anfrieren. Petersilie waschen, trockenschütteln und fein hacken. Kapern fein hacken. Die Zwiebel schälen und fein würfeln. Die Zitronen auspressen und den Saft mit dem Senf und Olivenöl verrühren. Alles in einer Schüssel vermischen. Die Marinade mit Zucker, Salz und Pfeffer kräftig würzen. Den Thunfisch sehr klein würfeln und mit der Marinade vermischen.

Mojo verde

1 Stange Staudensellerie • 1 Bund Koriander • 2 Knoblauchzehen • 1 große grüne Paprikaschote • 1-2 kleine grüne Chilischoten • 1 Limette • 3-4 EL Olivenöl • Salz, Zucker • Friséesalat als Garnitur

Sellerie und Koriander kalt abspülen und trockentupfen. Knoblauch schälen, Paprika und Chilischote entkernen. Alles grob zerkleinern. Die Limette großzügig schälen, das Fruchtfleisch grob zerschneiden und mit den anderen Zutaten und dem Olivenöl in den Mixer geben und pürieren. Mit Salz und Zucker abschmecken.

Das Tatar mit Mojo verde anrichten und mit Friséesalat garnieren.

Zanderfilet mit Schwarzbrot, Trauben und Estragon

4 PORTIONEN

4 Scheiben Schwarzbrot, getrocknet • 1 Knoblauchzehe • 100 g weiche Butter • Salz, Pfeffer • 4 Zanderfilets ohne Haut und Gräten à 160-180 g • 4 rote Zwiebeln • 200 g kernlose Trauben • 1 Bund Estragon • 50 g Pinienkerne • 1 EL Öl • 125 ml trockener Weißwein • 100 ml Instantbrühe • 60 g kalte Butter

Schwarzbrot zerbröseln, Knoblauch schälen und fein hacken, die Butter cremig rühren. Alles miteinander vermengen. Mit Salz und Pfeffer würzen. Zanderfilets salzen und pfeffern und die Schwarzbrotmasse darauf verteilen. Fisch in eine gebutterte Auflaufform mit dem Brot nach oben legen. Den Fisch im vorgeheizten Backofen bei 180 °C (Umluft 160 °C, Gas Stufe 3) auf der mittleren Schiene 12 Minuten backen. Die Zwiebeln schälen und in Streifen schneiden. Trauben halbieren, Estragon zupfen und die Blätter hacken. Pinienkerne in einer Pfanne ohne Fett rösten und beiseite stellen. Das Öl in einer Pfanne erhitzen, die Zwiebelstreifen darin bei mittlerer Hitze 4 Minuten unter Rühren anbraten. Mit Weißwein und Brühe ablöschen, aufkochen lassen und die Butter einrühren, mit Salz und Pfeffer würzen. Trauben, Estragon und Pinienkerne zu den Zwiebeln geben und einmal aufkochen. Den Fisch auf 4 Teller geben und mit dem warmen Traubengemüse servieren.

Thunfischtatar mit Mojo verde

»Das Tatar mit Mojo verde ist bei uns im ›Weißen Haus‹ zum echten Klassiker avanciert.«

Zanderfilet mit Schwarzbrot, Trauben und Estragon

Gebratener Seeteufel mit Morcheln, Muscheln und Lasagne

4 PORTIONEN

20 g getrocknete Morcheln • 8 Lasagneblätter • Salz • 500 g Miesmuscheln • 1 Knoblauchzehe • 4 Seeteufelfilets à 160 g • Pfeffer • 2 EL Olivenöl • 100 ml Weißwein • 20 Kirschtomaten • 75 g Sahne • 50 g Butter • 1/2 Bund Schnittlauch, fein geschnitten

Morcheln waschen und in 75 ml Wasser 15 Minuten einweichen. Morcheln herausnehmen, das Wasser durch einen Kaffeefilter gießen und auffangen. Lasagneblätter in kochendem Salzwasser bissfest garen und abschrecken. Muscheln waschen. Knoblauch schälen und fein hacken. Seeteufelfilets mit Salz und Pfeffer würzen und in einer beschichteten Pfanne in 1 Esslöffel heißem Olivenöl von jeder Seite 3 bis 4 Minuten braten. Warm halten. In der Zwischenzeit das restliche Öl in einem Topf erhitzen und Muscheln und Knoblauch darin anschwitzen. Morcheln mit Einweichwasser und Wein dazugeben und einmal aufkochen. Kirschtomaten, Sahne, Butter und Schnittlauch zufügen und nochmals aufkochen lassen. Mit Salz und Pfeffer würzen. Lasagneblätter mit Fisch und Sauce anrichten.

Garnelen mit Tomaten-Ziegenkäse-Tarte

Hier harmoniert die Süße der Garnele mit der Säure der Tomate und der Strenge des Ziegenkäses.

4 PORTIONEN

4 Scheiben Tiefkühl-Blätterteig (à ca. 15 x 15 cm) • 4-6 mittelgroße Tomaten • ca. 200 g Ziegenfrischkäse • Salz, Pfeffer, Zucker • 12 halbierte, entdarmte Garnelen • Olivenöl • Gewürzmischung aus je 1 TL Cayennepfeffer, Paprikapulver, gemahlener Koreander und 1 TL gemahlenem Ingwer • Saft von 1 Zitrone • frische Kräuter, z. B. Basilikum, Majoran

Jede Blätterteigscheibe mithilfe eines Tellers rund ausstechen. Die Tomaten waschen und wie den Ziegenkäse in Scheiben schneiden. Tomaten und Käse auf dem Blätterteig dachziegelartig verteilen, dabei ca. 1 cm zum Rand frei lassen. Mit Salz, Pfeffer und etwas Zucker würzen und ca. 15 Minuten bei 200 °C (Umluft 180 °C, Gas Stufe 3-4) im vorgeheizten Backofen backen. In der Zwischenzeit die Garnelen in etwas Olivenöl braten und mit der Würzmischung würzen. Mit dem Zitronensaft abschmecken und mit den gezupften Kräutern auf den Tartes verteilen.

> **TiPP** Man kann den Ziegenkäse natürlich auch durch einen anderen Käse ersetzen. Statt frischer kann man auch gefrorene Kräuter nehmen.

Gebratener Seeteufel mit Morcheln, Muscheln und Lasagne

Garnelen mit Tomaten-Ziegenkäse-Tarte

Kurz gebratener Tafelspitz mit Salatherzen und Kräuter-Vinaigrette

6 PORTIONEN

Fleisch

1 kg Kalbstafelspitz • Salz, Pfeffer • 2 EL Öl

Tafelspitz kalt abspülen und trockentupfen. Fett und Sehnen mit einem scharfen Messer entfernen. Das Fleisch mit Salz und Pfeffer einreiben. Öl in einer ofenfesten Pfanne erhitzen und das Fleisch rundherum scharf anbraten. Danach im vorgeheizten Backofen bei 200 °C (Umluft 180 °C, Gas Stufe 3-4) ca. 20 bis 25 Minuten lang garen. Anschließend den Tafelspitz fest in Alufolie eingewickelt warm halten.

Salat

3 Römersalatherzen • 1 Zwiebel • 80 g Speck • 1 EL Butter • Zucker • Weißweinessig

Die Salatköpfe längs halbieren und den Strunk keilförmig herausschneiden. Salat in kaltem Wasser abspülen und trockenschleudern. Die Zwiebel schälen und fein hacken. Den Speck würfeln. Zwiebel- und Speckwürfel in einer ofenfesten Pfanne in Butter anschwitzen und mit Zucker bestreuen. Die Salathälften darauf legen, mit Essig ablöschen und anschließend bis zur Hälfte mit Wasser begießen. Den Salat im Backofen bei 200 °C (Umluft 180 °C, Gas Stufe 3-4) ca. 10 Minuten schmoren. Herausnehmen und warm stellen.

Vinaigrette

100 g Knollensellerie • 2-3 Schalotten • 1 dicke Möhre • 75 g Porree • 100 ml Gemüsebrühe, warm • 150 ml Olivenöl • 50 ml Weißweinessig • Salz, Pfeffer, Zucker • je 1 kleines Bund Kerbel, Estragon und Schnittlauch

Sellerie, Schalotten und Möhre schälen und in feine Würfel schneiden. Porree waschen und fein würfeln. Gemüsewürfel in kochendem Salzwasser ca. 1 Minute blanchieren, danach mit kaltem Wasser abschrecken und abtropfen lassen. Die Gemüsebrühe mit Öl und Essig verquirlen und mit Salz, Pfeffer und Zucker abschmecken. Die Kräuter waschen, trockenschütteln und fein hacken. Kräuter mit dem Gemüse zur Vinaigrette geben.

Zum Servieren das Fleisch dünn, entgegen der Faser, aufschneiden und auf den Tellern verteilen. Die Vinaigrette darauf verteilen und die geschmorten halbierten Salatherzen darauf geben.

TiPP Sollte das Fleisch beim Aufschneiden noch zu roh sein, kann man es kurz in der Pfanne nachbraten.

Kurz gebratener Tafelspitz mit Salatherzen und Kräuter-Vinaigrette

Cappuccino von Pilzen

Ceviche von der Forelle

Die Kombination von Himbeere und Forelle klingt ungewöhnlich, die beiden ergänzen sich aber aufs Beste.

4 PORTIONEN

Fisch

4 unbehandelte Limetten • 4 Forellenfilets ohne Haut à 100 g • 1 EL Meersalz

Limetten heiß abspülen, die Schale fein reiben und den Saft auspressen. Die Forellenfilets von noch vorhandenen Gräten befreien und schräg in dünne Scheiben schneiden. In eine flache Schale legen. Limettenschale und -saft mit dem Meersalz vermengen und über die Forellenfilets gießen. Die Filets ca. 5 bis 7 Minuten marinieren.

Vinaigrette

1 unbehandelte Limette • 1 EL süßer Senf • 5 EL Olivenöl • 2 Schalotten, gewürfelt • 1 EL Himbeeressig • 5 EL Wasser • Salz, Pfeffer, Zucker

Die Limette heiß abspülen, die Schale fein abreiben und den Saft auspressen. Schale und Saft mit den restlichen Zutaten in einer Schüssel verrühren und mit Salz, Pfeffer und etwas Zucker würzen.

Beilage

150 g Pfifferlinge • 1 EL Öl • Salz, Pfeffer • 1 kleiner Friséesalat • 125 g frische Himbeeren • 2 Estragonzweige

Pfifferlinge putzen, in einer Pfanne im erhitzten Öl scharf anbraten und mit Salz und Pfeffer würzen. Frisée putzen, waschen und trockenschleudern.

Die Forellenfilets aus der Marinade nehmen und auf eine Platte legen. Pfifferlinge, gewaschene Himbeeren und Friséesalat darum herumlegen, etwas frischen Estragon darüber zupfen und alles mit der Vinaigrette beträufeln.

Ceviche von der Forelle

Cappuccino von Pilzen

4 PORTIONEN

800 g Pilze (z. B. Shiitake, Pfifferlinge, Champignons, Kräuterseitling, Enoki) • 3 EL Olivenöl • 1 EL Butter • 2 Knoblauchzehen, gewürfelt • 1 Schalotte, gewürfelt • Salz, Pfeffer • 1 EL gehackte Petersilie • 4 Scheiben Weizentoast • 200 g Sahne • 4 Eier

Die Pilze putzen und eventuell mit einer Pilzbürste oder einem Tuch säubern. Olivenöl und Butter in einer Pfanne erhitzen, die Pilze darin scharf anbraten, Knoblauch- und Schalottenwürfel zugeben und mit Salz und Pfeffer würzen. Zum Schluss die Petersilie untermischen. Die Pilze auf 4 Kaffeetassen verteilen. Toastbrot hellbraun toasten und zu Kreisen mit dem Durchmesser der Tassen ausstechen. Auf die Pilze legen. Die Sahne mit Salz und Pfeffer würzen und zu gleichen Teilen über die Toastscheiben gießen. Zum Schluss je 1 Ei, ohne den Dotter zu beschädigen, oben aufsetzen. Die Tassen ca. 8 Minuten bei 180 °C (Umluft 160 °C, Gas Stufe 3) auf die mittlere Schiene im Backofen stellen, bis das Eiweiß gestockt ist. Heiß servieren.

Auf die Faust

Sorry, aber hier müssen Messer und Gabel in der Schublade bleiben! Gegessen wird **mit den Fingern**. Das muss sein, ist nämlich sehr sinnlich. Und Spaß macht es auch! Ich liebe es, in einen Hamburger zu beißen. So etwas kann man einfach nicht mit Messer und Gabel essen. Das schmeckt nicht! Dieses Kapitel ist voll mit solchen Ideen, die besser von der Hand in den Mund als vom Teller aus schmecken. Etwa Sandwiches: für mich das **einfachste** und abwechslungsreichste **Festessen** der Welt. Wenn ich in den Supermarkt gehe, greife ich immer und zuerst zu den Zutaten für diese Art von Stullen. Dabei kann man sich nämlich richtig austoben. Aber es kommt bei den Sandwiches – wie bei all den anderen Gerichten auch – eben darauf an, wie man sie zubereitet. Wenn man zum ersten Mal das Vergnügen hatte, zum Beispiel selbst gemachte Spareribs zu essen, weiß man erst, was man da hat. Darauf ein **kühles Bier**!

Vegetarische Calzone mit Antipasti

Vegetarische Calzone mit Antipasti

4 BIS 6 PORTIONEN

Teig

1 kg Mehl • 625 ml lauwarmes Wasser • 1 Würfel Hefe (klein zerkrümelt) • ca. 1/2 TL Salz • 1 EL Honig • 1 EL getrockneter Oregano

Für den Hefeteig alle Zutaten miteinander vermengen und gut durchkneten. Den Teig mit einem feuchten Tuch abdecken und 1 Stunde gehen lassen. Dann den Teig mit dem Nudelholz auf einer bemehlten Arbeitsfläche auf etwa die doppelte Backblechgröße ausrollen. Die Hälfte des ausgerollten Teigs auf ein bemehltes Backblech legen.

Füllung

10 getrocknete Tomaten in Öl, abgetropft • 50 g entsteinte grüne Oliven • 50 g Parmesan, fein gerieben • 2-3 EL Olivenöl • 750 g gemischte Antipasti (vom »Italiener um die Ecke«)

Die getrockneten Tomaten mit Oliven, Parmesan und Olivenöl mit dem Mixstab glatt pürieren. Die Antipasti mit der Tomatenmasse vermischen.

Die Antipasti-Mischung gleichmäßig auf dem Teigboden verteilen. Die zweite Hälfte des ausgerollten Teigs darüber legen, an den Rändern fest andrücken und den Teig mit einer Gabel etwas einstechen. Calzone ca. 15 Minuten im vorgeheizten Backofen bei 220 °C (Umluft 200 °C, Gas Stufe 4) auf der untersten Schiene knusprig backen. Die Calzone in große Stücke schneiden und nach Belieben warm oder kalt servieren.

Sandwiches mit Hüttenkäse,
Hähnchenbrust und Apfel-Chutney

Sandwiches mit Hüttenkäse, Hähnchenbrust und Apfel-Chutney

4 PORTIONEN

Sandwich

4 Hähnchenbrüste ohne Haut und Knochen • Salz, Pfeffer • 2 EL Olivenöl • ca. 200 g Hüttenkäse • 8 Scheiben Weizentoast

Die Hähnchenbrüste leicht salzen und pfeffern. Öl in einer Pfanne erhitzen und das Fleisch darin von jeder Seite bei mittlerer bis hoher Hitze 5 Minuten braten. Abkühlen lassen und in dünne Scheiben schneiden. Den Hüttenkäse mit Salz und Pfeffer würzen. Die Brotscheiben mit Käse und Hähnchenbrust belegen und das Apfel-Chutney dazu reichen.

Apfel-Chutney

1 Zwiebel • 1 Chilischote, entkernt • 15 g frischer Ingwer • 3 säuerliche Äpfel • 2 EL Zucker • 1/2 TL Currypulver • 100 ml Apfelsaft • Salz

Die Zwiebel schälen und wie die Chilischote fein würfeln. Ingwer schälen und fein reiben. Äpfel vierteln, entkernen und fein würfeln. Zucker in einem Topf hellbraun karamellisieren. Die Zwiebel- und Chiliwürfel sowie den geriebenen Ingwer dazugeben. Mit dem Currypulver bestäuben und mit Apfelsaft ablöschen. Um ein Drittel reduzieren lassen, die Apfelwürfel dazugeben, einmal kurz aufkochen, mit Salz würzen und abkühlen lassen.

»*Ich esse wahnsinnig gern!*«

Buletten-Meterbrot-Sandwich mit crispy Bacon, Salat und Remoulade

Meine Variante vom selbst gemachten Hamburger mit frischem Salat, frischen Tomaten und Zwiebeln, guter Majo und sehr guten Brötchen ist für mich ein absoluter Hochgenuss!

4 PORTIONEN

Buletten

3 altbackene Brötchen • 200 ml Milch oder Wasser • 1 große Zwiebel • 1 Knoblauchzehe • 500 g gemischtes Hackfleisch • 3 Eier • Paprikapulver, Cayennepfeffer, Thymian • 1 EL Senf • Öl zum Braten

Für die Buletten die Brötchen in der Milch einweichen. Zwiebel und Knoblauch schälen und klein schneiden. Hackfleisch in einer Schüssel mit den ausgedrückten Brötchen, Zwiebeln, Knoblauch und den Eiern vermengen, mit Gewürzen und Senf abschmecken. Die Hackmasse zu 8 Buletten formen. In einer Pfanne in heißem Öl von jeder Seite anbraten, dann für 8 bis 10 Minuten bei 180 °C (Umluft 160 °C, Gas Stufe 3) in der Pfanne oder auf dem Blech in den vorgeheizten Backofen auf die mittlere Schiene schieben.

Salat

Salat nach Wahl • 4 Tomaten • 1-3 rote Zwiebeln • Ketchup

Salat waschen und klein zupfen. Die Tomaten waschen und würfeln, die Zwiebel schälen und klein hacken. Salat, Tomaten und Zwiebeln mit etwas Ketchup vermischen.

Remoulade

1 Apfel, geschält und entkernt • 1 hart gekochtes Ei • 1-2 Gewürzgurken • Estragon, Petersilie • 150 g Mayonnaise (50 % Fett) • etwas Gewürzgurkenwasser • Salz, Pfeffer

Apfel, gepelltes Ei, Gewürzgurken und Kräuter klein hacken. Alles mit der Mayonnaise und dem Gurkenwasser verrühren, mit Salz und Pfeffer würzen.

Grundlagen

1 Meterbrot (Baguette/Parisienne) • 10-12 Streifen Frühstücksspeck

Das Brot aufschneiden. Die Speckstreifen in einer heißen Pfanne auslassen und knusprig braten.

Dann das Meterbrot mit Remoulade bestreichen und mit Buletten, crispy Bacon und Salat belegen.

Buletten-Meterbrot-Sandwich mit crispy Bacon, Salat und Remoulade

Gefülltes Ciabatta vom Grill mit Provolone

Gefülltes Ciabatta vom Grill mit Provolone

4 PORTIONEN

1 rote Paprikaschote, entkernt und geviertelt • 1 rote Zwiebel, in Scheiben geschnitten • 1 Aubergine, in Scheiben geschnitten • 4 EL Olivenöl • Salz, Pfeffer • 200 g Provolone in Scheiben (italienischer Käse, ersatzweise mittelalter Gouda) • 1 Bund Basilikum • Saft von 1 Zitrone • 1 Ciabatta-Brot

Paprikaviertel, Zwiebel- und Auberginenscheiben im Öl wenden, salzen und pfeffern und über Holzkohle von jeder Seite einige Minuten grillen. Anschließend das Gemüse mit dem Käse, abgezupftem Basilikum und Zitronensaft vermengen, mit Salz und Pfeffer würzen. Das Brot längs halbieren und aushöhlen. Das Gemüse in den beiden Hälften verteilen und anschließend das Ciabatta wieder zusammenklappen. Nun das Brot mit Alufolie umwickeln und 5 bis 7 Minuten auf dem Grill backen. Anschließend auswickeln, in Stücke schneiden und servieren.

> **TIPP:** Das Ciabatta-Brot kann man auch auf einem elektrischen Sandwichgrill zubereiten. Die Folie lässt man dann getrost weg.

Chicken Drumsticks BBQ-Style

30 STÜCK

30 Hähnchenunterkeulen • 4 Knoblauchzehen • 2 Chilischoten • 1 Orange • 6 EL Honig • 1 EL Paprikapulver • 8 EL Sojasauce • 2 Rosmarinzweige • 2-3 EL Olivenöl

Die Hähnchenunterkeulen waschen und trockentupfen. Die Knoblauchzehen schälen und durchpressen. Die Chilischoten längs halbieren, entkernen und hacken. Die Orange schälen und klein schneiden. Knoblauch, Chili und Orangenstückchen mit Honig, Paprikapulver und Sojasauce vermengen, dann den gehackten Rosmarin hinzugeben. Die Keulen in die Marinade legen und am besten über Nacht marinieren. Vor dem Braten kurz abtropfen lassen und in einer Pfanne im heißen Olivenöl rundum kross anbraten. Auf ein Backblech geben und im auf 200 °C vorgeheizten Ofen (Umluft 180 °C, Gas Stufe 3-4) ca. 20 bis 25 Minuten auf der mittleren Schiene braten. Dabei die Keulen mehrmals mit der in der Schüssel verbliebenen Marinade bestreichen und bei Bedarf mit etwas Salz und Pfeffer würzen.

Chicken Drumsticks BBQ-Style

Spareribs

Die habe ich zum ersten Mal gegessen, als ich zehn Jahre alt war, zu Hause vom Grill. Als meine Mutter das Fleisch beim Metzger kaufte, fragte er: »Welchen Hund haben Sie denn?« Damals kannte man nämlich die gegrillten Rippchen in Deutschland noch nicht. Ich fand sie jedenfalls so köstlich, dass ich meine Mutter oft damit nervte, mir Spareribs zu machen – natürlich auch im Winter, wenn man nicht grillen konnte. Sie erfand eine Version aus dem Ofen – und die stand der vom Grill in nichts nach.

2 PORTIONEN

1 Knoblauchzehe, zerdrückt • 1 Rosmarinzweig, fein gehackt • 100 ml Orangensaft • 50 ml Ketchup • 1 TL Cayennepfeffer • 1 TL Paprikapulver, edelsüß • 1 EL Sojasauce • 1 EL Honig • 1 TL zerstoßener schwarzer Pfeffer • Salz • 600 g fleischige Rippchen vom Schwein

Alle Zutaten außer den Rippchen in einer Schüssel verrühren. Die Rippchen in kochendem Salzwasser 10 Minuten blanchieren, abschrecken und abtropfen lassen. Anschließend mindestens 2 Stunden in die Marinade legen. Die Rippchen unter mehrmaligem Wenden bei mittlerer Hitze über mittelheißer Holzkohle grillen und dabei von Zeit zu Zeit mit der verbliebenen Marinade bepinseln.

> **TIPP**
> Natürlich kann man die Spareribs auch im Backofen zubereiten. Einfach bei 180 °C ca. 40 Minuten lang garen. Dabei mehrmals wenden und mit der Marinade bestreichen.

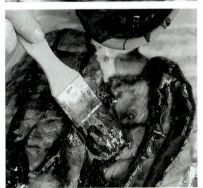

Klassiker – Huldigung und 'tschuldigung

Ich verneige mich vor den Klassikern im Küchenkochtopf. Aber ich muss gestehen: Die meisten sind mir einfach **zu kompliziert**. Ich kann das beurteilen – ich musste sie nämlich während meiner Ausbildung nachkochen. Nichtsdestotrotz schmecken diese Standardgerichte zum Teil wirklich toll, sonst hätten manche sich ja nicht über 200 Jahre auf den Speisezetteln der Welt gehalten. Also was tun? Abspecken, **vereinfachen**, verschlanken! Mit welchem Ergebnis? Jetzt schmecken sie vielleicht einen Tick anders, aber nicht schlechter. Vielleicht ein wenig moderner, aber die Grundtendenz ist gleich geblieben. Lassen Sie sich überraschen von den neuen Klassikern! Und vor allem: Trauen Sie sich ruhig mal an solche **Kunststückchen** wie »Rinderfilet Wellington«! Jetzt kann ja nichts mehr schief gehen!

Schweinemedaillons mit Rosmarin, Servietten-Olivenknödel und grünen Bohnen

4 PORTIONEN

Schweinemedaillons

4 kräftige Rosmarinzweige • 12 gleichmäßige Schweinemedaillons à 70 g • Olivenöl • Salz, Pfeffer

Die Nadeln von den Rosmarinzweigen bis auf ein etwa 3 cm langes Stück abstreifen. Jeweils 3 Medaillons auf 1 Rosmarinzweig stecken. Dann etwas Olivenöl in einer Pfanne erhitzen, die Medaillons salzen und pfeffern und von jeder Seite 4 Minuten bei hoher Hitze braten.

> **TiPP** Man kann die Medaillons auch am Stück lassen, siehe Foto.

Knödel

1/2 Kastenweißbrot (ersatzweise anderes Weißbrot oder Laugenbrezeln) • 1 kleine Zwiebel • 2 EL Olivenöl • Salz, Pfeffer • 100 ml Milch • 2 Eier • 1 Bund Petersilie, gehackt • 20 grüne Oliven ohne Stein, gehackt • Butter • Olivenöl

Das Brot in kleine Würfel schneiden und in eine Schüssel geben. Die Zwiebel schälen und würfeln. Zwiebelwürfel im erhitzten Öl anschwitzen, mit Salz und Pfeffer würzen. Milch dazugeben, kurz aufkochen lassen und mit den Brotwürfeln vermischen. Die Eier verquirlen und mit der gehackten Petersilie und den Oliven zum Brot geben und untermischen. 5 Minuten quellen lassen. Ein etwa 30 cm langes Stück Alufolie mit etwas Butter bestreichen. Die Knödelmasse in der Mitte länglich darauf geben. Alufolie um die Masse fest zu einer Rolle aufrollen. In kochendes Salzwasser geben und knapp unter dem Siedepunkt 25 Minuten garen. Folienpaket herausnehmen, den Knödelteig aus der Folie nehmen, etwas abkühlen lassen und in 1 cm dicke Scheiben schneiden. In einer Pfanne etwas Olivenöl erhitzen. Die Knödelscheiben darin von beiden Seiten goldbraun braten.

Grüne Bohnen, italienisch

350 g grüne Bohnen • 3 Knoblauchzehen • 2 EL Olivenöl • 10 Kirschtomaten • Salz, Pfeffer • 1 EL gehacktes Basilikum

Die Bohnen putzen. Die Knoblauchzehen schälen und fein hacken. Das Olivenöl in einer Pfanne erhitzen, Knoblauch darin bei mittlerer Hitze andünsten, dann die Bohnen dazugeben, kurz anschwitzen lassen und mit etwas Wasser aufgießen. Die Bohnen 8 bis 10 Minuten zugedeckt dünsten. 2 Minuten vor Ende der Garzeit die halbierten Tomaten dazugeben, salzen und pfeffern. Zum Schluss Basilikum darüber streuen.

Schweinemedaillons mit den Servietten-Olivenknödeln und den Bohnen auf den Tellern anrichten.

Schweinemedaillons mit Rosmarin, Servietten-Oliven-knödel und grünen Bohnen

Matjes nach Hausfrauenart mit gegrillten Äpfeln und Pellkartoffeln

Matjes nach Hausfrauenart mit gegrillten Äpfeln und Pellkartoffeln

4 PORTIONEN

1 rote Zwiebel • 2-3 Gewürzgurken • 4 säuerliche Äpfel • 250 g Crème fraîche • 3-4 EL Mayonnaise • Saft von 1 Zitrone • Salz, Pfeffer, Zucker • 1 kg kleine, junge Kartoffeln • 2 süß-säuerliche Äpfel • 2 EL Olivenöl • 8 Matjes-Doppelfilets • Salatblätter zum Garnieren

Für die Sauce die Zwiebel schälen und in feine Streifen schneiden. Die Gewürzgurken längs halbieren und in Scheiben schneiden. 2 Äpfel vierteln, entkernen und quer in dünne Scheiben schneiden. Crème fraîche mit der Mayonnaise und dem Zitronensaft verrühren. Mit Salz, Pfeffer und Zucker würzen und alles mit den Apfelscheiben für die Sauce verrühren. Dann die Kartoffeln gut waschen, in gesalzenem Wasser aufkochen und 18 Minuten garen. Währenddessen die restlichen Äpfel mit einem Apfelausstecher entkernen, in ca. 1 cm dicke Scheiben schneiden und in einer Grillpfanne im Olivenöl grillen, leicht salzen und pfeffern. Matjesfilets auf 4 Teller geben, mit den Pellkartoffeln, gegrillten Äpfeln, der Sauce und garniert mit den Salatblättern servieren.

Leckerer Fischeintopf

4 PORTIONEN

2 Fenchelknollen • 2 dicke Möhren • 1 Stange Lauch • 4 Stangen Staudensellerie • 3 Knoblauchzehen • 3 EL Olivenöl • 1/2 Flasche Weißwein • 1 l Instantbrühe • 2 Lorbeerblätter • 4 Tomaten à 150 g • 400 g Herzmuscheln • je 1 Bund Dill und Petersilie • 300 g Steinbeißerfilet • 300 g Knurrhahnfilet • 6-8 Fäden Safran • Salz, Pfeffer

Fenchel, Möhren, Lauch und Sellerie putzen und in 1 cm große Würfel schneiden. Knoblauch schälen und hacken. Das Öl in einem großen Topf erhitzen, Gemüse und Knoblauch darin 2 bis 3 Minuten anschwitzen. Mit dem Weißwein ablöschen, die Brühe angießen, Lorbeerblätter hinzugeben und aufkochen. Bei mittlerer Hitze Flüssigkeit auf die Hälfte einkochen lassen. Inzwischen die Tomaten vierteln, entkernen und würfeln. Die Muscheln kalt abspülen und abtropfen lassen. Die Kräuter zupfen und fein hacken. Die Fischfilets in mundgerechte Stücke zerteilen und, sobald das Gemüse gar ist, mit den Tomaten, Muscheln und dem Safran zum Gemüsesud geben. Nur kurz aufkochen lassen, damit der Fisch nicht zerfällt, und die Kräuter zufügen. Mit Salz und Pfeffer abschmecken.

Leckerer Fischeintopf

Krautfleckerl nach Matrosenart

Krautfleckerl nach Matrosenart

Keine Ahnung, wie man Krautfleckerl eigentlich richtig macht. Das hier ist jedenfalls meine norddeutsche Version.

4 PORTIONEN

Nudelteig

200 g Mehl oder Hartweizengrieß • 2 Eier • Olivenöl • Salz

Mehl in eine Schüssel geben, mit Eiern, 1 Esslöffel Olivenöl und 1 Prise Salz zu einem glatten Teig kneten. 30 Minuten in Klarsichtfolie gewickelt ruhen lassen. Anschließend auf der bemehlten Arbeitsfläche mit einer Nudelmaschine bis zur Stufe 2 ausrollen und mit dem Teigrad in Stücke schneiden. In sprudelndem Salzwasser 2 bis 3 Minuten kochen, abgießen und abschrecken, mit etwas Olivenöl vermischt zur Seite stellen.

> **TIPP**
> Natürlich muss man die Nudeln nicht selber machen – es eignen sich auch fertige Produkte.

Rotweinsauce

1-2 EL Zucker • 375 ml Rotwein • 1 EL Butter • Salz, Pfeffer

Für die Sauce den Zucker in einer Pfanne goldbraun karamellisieren. Mit dem Rotwein ablöschen und auf ca. ein Drittel reduzieren lassen. Butter unterrühren. Mit Salz und Pfeffer abschmecken.

Krautfleckerl

2 EL Olivenöl • 300 g gemischtes Hackfleisch • 1 Zwiebel • 1 Knoblauchzehe • 1 Spitzkohl, ca. 500 g • 1 TL Kümmel • 3 Estragonzweige, gehackt • Salz, Pfeffer, Zucker • Sahne nach Belieben

Olivenöl in einem breiten Topf erhitzen. Das Hackfleisch dazugeben und unter Rühren einige Minuten scharf anbraten. Zwiebel und Knoblauch schälen, in Streifen schneiden und zum Fleisch geben. Den Spitzkohl in feine Streifen schneiden und in den Topf geben, gut umrühren und mit anrösten. Kümmel und Estragon dazugeben. Mit Salz, Pfeffer und etwas Zucker würzen.

Die gekochten Nudeln zu dem Hackfleisch-Kohl-Gemisch geben und erhitzen. Nach Geschmack etwas Sahne zufügen. Krautfleckerl auf eine Platte geben und mit der Rotweinsauce beträufeln.

Rinderfilet »Wellington«

4 BIS 6 PORTIONEN

1 kg Rinderfilet, aus der Mitte • Salz, Pfeffer • 3 EL Öl • 500 g Champignons • 10 Schalotten • 6 Knoblauchzehen • 1 Bund Petersilie, gehackt • 300 ml Rotwein • 1 EL grobkörniger Senf • Zucker • 4-5 Scheiben Tiefkühl-Blätterteig (à ca. 20 x 10 cm)

Rinderfilet salzen und pfeffern. 2 Esslöffel Öl in einem Bräter erhitzen und das Filet darin rundherum bei hoher Hitze anbraten. Herausnehmen und beiseite stellen. Im selben Bräter im restlichen Öl die geputzten Champignons, die geschälten Schalotten, die geschälten Knoblauchzehen und die Petersilie anschwitzen. Mit dem Rotwein ablöschen, den Senf zugeben und mit Salz, Pfeffer und Zucker würzen. Das Rinderfilet wieder in den Bräter legen. Den aufgetauten Blätterteig aufeinander legen und auf einer bemehlten Arbeitsfläche etwas größer als die Maße des Bräters ausrollen. Den Teig auf den Bräter legen und an den Rändern fest andrücken. Im vorgeheizten Backofen bei 200 °C (Umluft 180 °C, Gas Stufe 3-4) auf der 2. Schiene von unten 20 Minuten backen, bis der Blätterteig goldbraun ist.

TiPP Den Blätterteig nicht zu früh aus dem Froster nehmen – sonst geht er beim Backen nicht auf.

> »Das Original ist im Hausgebrauch kaum praktizierbar – deshalb hier meine vereinfachte, aber ebenso schmackhafte Variante.«

Rinderfilet »Wellington«

Gepfefferter Schellfisch mit Rotweinsauce und geräuchertem Heilbutt (Matelote)

»Überraschung: Fisch passt gut zu Rotwein!«

Gepfefferter Schellfisch mit Rotweinsauce und geräuchertem Heilbutt (Matelote)

4 PORTIONEN

Rotweinsauce

100 g durchwachsener Speck • 250 g Perlzwiebeln • 2 Rosmarinzweige • 3 EL Olivenöl • 1 EL Mehl • 0,7 l Rotwein • 200 g Champignons • ca. 50 g eiskalte Butter • 2 EL Honig • Salz, Pfeffer

Den Speck würfeln, die Perlzwiebeln schälen. Rosmarinnadeln abzupfen und hacken. Speck und Zwiebeln in 2 Esslöffeln erhitztem Öl 3 bis 4 Minuten unter Rühren anbraten. Rosmarin und Mehl dazugeben, 1 Minute anschwitzen und mit dem Wein ablöschen. Die Sauce aufkochen und bei mittlerer Hitze auf die Hälfte einkochen lassen. Die Champignons putzen und separat in einer Pfanne im restlichen heißen Öl braten, anschließend zur Sauce geben und einmal kurz aufkochen lassen. Die Sauce vom Herd nehmen und mit kalten Butterwürfeln binden. Mit Honig, Salz und Pfeffer würzen. Warm halten.

Fisch

4 Stücke Schellfisch à 150 g • Salz • Mehl • 2 EL Öl • 200 g geräucherter Heilbutt

Den Schellfisch salzen, mit Mehl bestäuben und im heißen Öl von beiden Seiten kräftig anbraten. Geräucherten Heilbutt häuten und in kleine Stücke zupfen.

Den gebratenen Schellfisch auf die Teller geben, mit der Rotweinsauce umgießen und mit den Heilbuttstückchen bestreuen.

TiPP Dazu am besten Stampfkartoffeln (Seite 160) servieren.

Labskaus mit pochiertem Lachs

Labskaus – für mich das perfekte Kateressen: viel Salz, viel Säure, und viel Kauen muss man dabei auch nicht!

Für dieses Gericht braucht man unbedingt einen Handfleischwolf.

4 PORTIONEN

2 Zwiebeln • 1 Dose Corned Beef • 2 EL Schweineschmalz • 200 ml Brühe • 400 g mehlig kochende Kartoffeln, geschält und gekocht • 1 Glas Rote Bete (425 g, abgetropft) • Salz, Pfeffer • 150 ml Wasser • 100 ml Weißwein • 4 Lachsfilets à 100 g • 4 Eier • 25 g Butter • 4 Gewürzgurken zum Garnieren

Die Zwiebeln schälen und würfeln. Corned Beef grob würfeln. Zwiebeln im erhitzten Schmalz bei mittlerer Hitze glasig schwitzen. Corned Beef und die Brühe dazugeben, aufkochen lassen und anschließend die Masse durch den Fleischwolf drehen. Kartoffeln und Rote Bete ebenfalls durch den Fleischwolf drehen. Alles miteinander vermengen, nochmals erhitzen und mit Salz und Pfeffer abschmecken. Wasser mit dem Weißwein aufkochen und mit Salz und Pfeffer würzen. Die Lachsfilets hineingeben und zugedeckt 7 Minuten bei mittlerer Hitze pochieren. Eier in einer beschichteten Pfanne in der heißen Butter zu Spiegeleiern braten. Labskaus auf die Teller geben, den Lachs anrichten und mit den geschnittenen Gurken und dem Spiegelei dazu servieren.

Labskaus mit pochiertem Lachs

Men's Health

Männer an den Herd! Jetzt geht's um die Wurst, das Steak und den Braten – alles, was ihr wollt. Das heißt natürlich nicht, dass das hier keine Gerichte für Frauen sind. Bloß sind meiner Erfahrung nach Männer viel heißer auf Fleisch als die Mädels. Den »Caesar Salad« habe ich dabei aber nicht vergessen – obwohl er völlig ohne etwas Fleischiges auskommt, sich dafür aber sehr gut als Vorspeise zum Steak oder Kotelett macht. Diese Rezepte, stelle ich mir vor, passen wunderbar zu einem Fußball- oder Spieleabend, wenn normalerweise die Pizzen schachtelweise angeliefert werden. Sie werden sehen, was das für einen Unterschied macht: lauwarmes Fastfood gegen **knuspriges Fleisch** frisch aus der Pfanne! Ich verspreche, das wird ein voller Erfolg. Selbst absoluten Laien am Herd gelingt zum Beispiel das »Platte Paprikahuhn«! Es gibt nämlich einfach **keine Fehlerquellen**. Und jetzt fragen Sie mich noch, was das mit Health, Gesundheit, zu tun hat? Alle Produkte sind absolut frisch, ohne Kompromisse!

Rib-Eye-Steak »Monster-Style« mit Zwiebeln, Knoblauch, Peperoni und Tomaten

Das Rib-Eye-Steak ziehe ich jedem Filet vor. Für mich ist das das absolute Königsstück beim Fleisch. Aber achten Sie auf die Qualität! Mein Tipp: Nur beim Metzger Ihres Vertrauens kaufen.

4 PORTIONEN

Steaks

1 kg Kartoffeln • 4 EL Öl • 4 Rib-Eye-Steaks à 300 g • Salz, Pfeffer • 3-4 EL grobkörniger Senf • 2 Gemüsezwiebeln, in Streifen geschnitten • 12 Knoblauchzehen, in Scheiben geschnitten • 12 entkernte Peperoni • 20 Kirschtomaten • 1 Glas Rotwein • 1 TL gehackter Rosmarin

Kartoffeln schälen und in Scheiben schneiden. 2 Esslöffel Öl in einen Bräter geben, die Kartoffeln hineinlegen, salzen und im vorgeheizten Backofen bei 180 °C (Umluft 160 °C, Gas Stufe 3) auf der 2. Schiene von unten 8 bis 10 Minuten backen. Die Steaks mit Salz und Pfeffer würzen, in einer Pfanne in 1 Esslöffel Öl beidseitig scharf anbraten, dann mit Senf bestreichen. Die Steaks auf die Kartoffeln legen und weitere 12 bis 15 Minuten bei 180 °C backen. Steaks herausnehmen und 5 Minuten ruhen lassen. Das restliche Öl in einer Pfanne erhitzen. Die Zwiebeln und den Knoblauch darin goldbraun braten, anschließend die Peperoni und die Tomaten dazugeben. Mit Rotwein ablöschen, auf die Hälfte einkochen lassen und mit Salz und Pfeffer würzen. Nach Geschmack noch gehackten Rosmarin dazugeben.

»Es gibt Momente, da muss es einfach Fleisch sein!«

Sour-Cream

1 Becher Schmand • 1 Bund Schnittlauch, klein geschnitten • Salz, Pfeffer

Für die Sour-Cream Schmand und Schnittlauch miteinander verrühren, mit Salz und Pfeffer abschmecken.

Die Steaks auf die Teller geben und die Sauce darüber verteilen. Kartoffeln zufügen und Sour-Cream dazu reichen.

Rib-Eye-Steak
»Monster-Style«
mit Zwiebeln,
Knoblauch, Peperoni
und Tomaten

Kalbskotelett vom Grill provençal

> »Meine Grillgerichte kann man auch in der Pfanne machen – dann einfach kürzer braten.«

Kalbskotelett vom Grill provençal

4 PORTIONEN

2 EL gehackter Rosmarin • 1 EL gehackter Thymian • 1 TL gehackter Majoran • abgeriebene Schale von 1 unbehandelten Zitrone • 2 Knoblauchzehen, gehackt • 3 EL Olivenöl • Salz, Pfeffer • 4 Kalbskoteletts mit Knochen à 400 g

Alle Zutaten außer dem Fleisch miteinander verrühren. Die Koteletts mit der Marinade einreiben und von jeder Seite 8 bis 10 Minuten über mittelheißer Kohle grillen.

TIPP Wer mag, kann auch etwas getrockneten Lavendel in die Marinade mischen.

Gegrillte Hähnchenbrust mit Chorizo und Salbei

4 PORTIONEN

Hähnchen

4 Hähnchenbrüste mit Haut à ca. 180 g • 8 Scheiben Chorizo (scharfe spanische Wurst) • 8 Salbeiblätter • Salz, Pfeffer

Die Hähnchenhaut vorsichtig vom Fleisch lösen, sodass eine Tasche entsteht. In diese Tasche je 2 Scheiben Chorizo und 2 Salbeiblätter schieben, dabei darf sich die Haut nicht vollständig vom Fleisch lösen. Mit Salz und Pfeffer würzen und von jeder Seite 5 bis 6 Minuten grillen. Dazu passt ein pikanter Dip.

Apfel-Gorgonzola-Dip

1 Apfel • 100-150 g Gorgonzola • 1 Glas Mayonnaise (200 g) • 1 TL in Olivenöl eingelegter, fein gehackter Knoblauch • 1 Schuss weißer Portwein • Zucker

Den Apfel entkernen und fein würfeln. Gorgonzola grob darüber zerteilen. Mit Mayonnaise, Knoblauch, Portwein und 1 Prise Zucker glatt rühren. Vor dem Servieren einige Minuten ziehen lassen.

Gegrillte Hähnchenbrust mit Chorizo und Salbei

Plattes Paprikahuhn

Plattes Paprikahuhn

Aus dem Hähnchen schneide ich das Rückgrat heraus. Das ist die einfachste Möglichkeit, ein ganzes Huhn schnell – in etwa der Hälfte der Zeit – gar zu bekommen.

2 BIS 4 PORTIONEN

2 Knoblauchzehen • 2 EL Paprikapulver, rosenscharf • 2 EL Paprikapulver, edelsüß • 2 EL Olivenöl • 1 Poularde à 1,4 kg • Salz, Pfeffer • 200 ml Geflügelbrühe • 100 ml Weißwein • 3 unbehandelte Zitronen • 4 Rosmarinzweige

Knoblauch schälen, fein hacken und in einer Schüssel mit dem Paprikapulver und dem Öl mischen. Das Rückgrat der Poularde mit einer Schere entfernen und das Huhn flach drücken. Rundherum salzen und pfeffern und mit dem Knoblauch-Paprika-Öl einreiben. Die Poularde mit der Fleischseite nach oben in einen Bräter oder auf ein tiefes Backblech legen. Die Zitronen halbieren und mit den Schnittflächen nach oben um die Poularde verteilen. Im vorgeheizten Backofen bei 210 °C (Umluft nicht empfehlenswert, Gas Stufe 3-4) auf der untersten Schiene 50 Minuten braten. Nach etwa 30 Minuten die Brühe und den Weißwein vorsichtig um die Poularde in den Bräter gießen. Etwa 5 Minuten vor Ende der Garzeit die Rosmarinzweige in Stücke brechen und dazugeben. Am Ende der Garzeit die Poularde nach Belieben mit etwas edelsüßem Paprikapulver bestreuen.

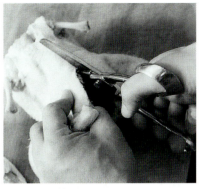
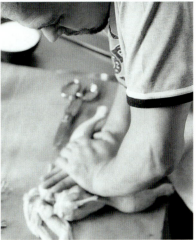

Caesar Salad

4 PORTIONEN

2 Köpfe Römersalat • 8 Scheiben Toastbrot • 2 EL Olivenöl • 50 g Butter • 200 g Mayonnaise (80 % Fett) • 150 g Joghurt • 2 Knoblauchzehen • 1 Sardellenfilet aus dem Glas • Salz • 100 g Parmesan am Stück • 5 EL Weißwein • Pfeffer

Römersalat putzen, waschen, trockenschleudern und in Streifen schneiden. Toastscheiben würfeln. Öl und Butter in einer Pfanne erhitzen, die Brotwürfel bei mittlerer Hitze unter Rühren goldbraun zu Croûtons rösten. Die Mayonnaise mit dem Joghurt verrühren. Geschälten Knoblauch und die Sardelle klein hacken, mit Salz zu einer Paste zerreiben und unterrühren. Die Hälfte des Parmesans fein reiben, die andere Hälfte hobeln. Weißwein und geriebenen Parmesan unter das Dressing rühren. Mit Salz und Pfeffer abschmecken. Den Salat in einer Schüssel mit dem Dressing mischen und mit den Croûtons und gehobeltem Parmesan bestreuen.

Bauernomelett

1 PORTION

30 g Butterschmalz • 100 g fein gewürfelter Bauchspeck • 1 Gemüsezwiebel, gewürfelt • 300 g Pellkartoffeln (am besten vom Vortag), geschält und in Scheiben geschnitten • 4 Eier • Salz, Pfeffer • 3 Gewürzgurken, 1 davon gewürfelt • Ketchup

Butterschmalz in einer beschichteten Pfanne zerlassen. Speck, Zwiebeln und die Kartoffelscheiben in die Pfanne geben und bei mittlerer Hitze in 7 bis 8 Minuten goldbraun braten. Die Eier verquirlen, salzen und pfeffern. In die Pfanne gießen, die gewürfelte Gewürzgurke dazugeben und bei mittlerer Hitze stocken lassen. Omelett zusammenklappen und mit den restlichen Gewürzgurken und Ketchup servieren.

Jelly Shots

12 STÜCK

je 1 Packung Götterspeise Orange und Grün zum Kaltanrühren • 0,75 l Wodka • 1 Dose Litschifrüchte • 12 Plastik-Schnapsgläschen, mit kaltem Wasser ausgespült

Die Götterspeise nach Packungsanleitung zubereiten, jedoch den Flüssigkeitsanteil zur Hälfte durch Wodka ersetzen. Litschis in einem Sieb abtropfen lassen und die Früchte in die Schnapsgläschen verteilen. Danach die Gläschen mit der flüssigen Götterspeise zu drei Vierteln auffüllen. Die Götterspeise 20 Minuten im Kühlschrank stocken lassen und die Gläschen anschließend stürzen.

TIPP Der kräftige Alkoholgeschmack lässt sich durch die Zugabe von etwas Zucker eindämmen.

Bauernomelett

Caesar Salad

Jelly Shots

Sweeties

Eines vorweg: Den Desserts gehört nicht meine Leidenschaft! Beim **Nachtisch** muss man nämlich viel zu exakt arbeiten, sonst wird das nix. Und das ist nicht meine Sache. Außerdem kann es manchmal stundenlang dauern, bis so etwas fertig ist, abkühlt zum Beispiel oder gefriert – die Geduld habe ich nicht. Aber natürlich erwarten meine Gäste nach einem wunderbaren Menü auch einen süßen Abschluss, und deshalb habe ich mir etwas einfallen lassen: nämlich Süßes, das irrsinnig kompliziert aussieht und auch toll schmeckt, aber **ganz schnell zubereitet** ist und dabei ohne großen Aufwand. Ich gebe zu: Beim Nachtisch bin ich ein echter Blender! Zum Beispiel ersetze ich aufwändige Crèmes durch Quark oder Joghurt. Die sind schon fertig und machen das Gericht schön locker und leicht. Grundsätzlich müssen Desserts bei mir drei Komponenten haben: **Süße, Frucht und etwas Knuspriges.** Daraus lässt sich immer wieder Neues mixen.

Aprikosen-Crumble

4 PORTIONEN

175 g weiche Butter • 200 g Haferflocken • 100 g Mehl • 175 g brauner Zucker • 2 TL Zimtpulver • 1 kg Aprikosen • Saft von 1 Zitrone

Den Backofen auf 190 °C (Umluft 170 °C, Gas Stufe 3) vorheizen. Die Butter mit Haferflocken, Mehl, Zucker und Zimt in einer Schüssel vermengen. Die Aprikosen waschen, entsteinen und in grobe Stücke schneiden. Mit etwas Zitronensaft beträufeln und in einer Auflaufform flach ausbreiten. Die Crumble-Masse auf den Aprikosen verteilen. Im Ofen auf der 2. Schiene von unten 25 Minuten backen.

Rhabarberpfitzauf

8 BIS 12 PORTIONEN

Ich wollte mal Muffins backen, wusste aber nicht, wie das geht. Das ist dabei herausgekommen ...

3 Eier • 1 Prise Salz • 150 g Marzipan, in kleinen Stücken • 150 ml Milch • 175 g Mehl • 3 TL Backpulver • 2 EL Zucker • Butter für die Förmchen • 250 g Rhabarber, klein gewürfelt

Backofen auf 210 °C (Umluft 190 °C, Gas Stufe 3-4) vorheizen. Die Eier trennen. Das Eiweiß mit 1 Prise Salz zu Eischnee schlagen. Marzipan, Eigelbe und Milch mit dem Mixer verrühren. Mehl, Backpulver und Zucker in einer Schüssel verrühren. Dann die Marzipan-Milch-Masse auf einmal zugeben, mit einer Gabel kurz verrühren. Zum Schluss den Eischnee unterheben. Muffinformen buttern und mit 1 Esslöffel Rhabarberwürfel und der Teigmasse zu drei Vierteln befüllen, anschließend ca. 10 Minuten im Ofen auf der mittleren Schiene backen.

Aprikosen-Crumble

Rhabarberpfitzauf

Brombeer-Fool

Lassen Sie sich nicht täuschen! Das Dessert sieht nur kompliziert aus, ist aber wirklich kinderleicht nachzumachen. Schön schaut es aus, weil es geschichtet ist.

4 PORTIONEN

250 g tiefgekühlte Brombeeren • 200 g Sahne • 50 g Zucker • 300 g Quark (40 % Fett) • 125 g Amaretti-Kekse

Die Brombeeren etwas antauen lassen und mit dem Mixstab pürieren. Die Sahne mit dem Zucker steif schlagen und unter den Quark heben. Die Amaretti-Kekse zerbröseln. Abwechselnd Brombeermus, Sahnequark und Kekse in 4 Gläser schichten.

Quarkpfannkuchen

1 BIS 2 PORTIONEN

4 Eier • 200 g Magerquark • 100 ml Milch • Salz • 2 EL Zucker • 150 g Mehl • 75 g Mandelsplitter • 75 g Korinthen • Butter für die Pfanne • Puderzucker zum Bestäuben

Die Eier trennen. Quark in einem Tuch auspressen, dann mit Milch, Eigelben, 1 Prise Salz und dem Zucker in einer Schüssel verrühren. Das Mehl in eine andere Schüssel sieben und in die Mitte eine Mulde drücken. Die Quarkmasse langsam unterrühren. Eiweiß mit 1 Prise Salz steif schlagen und unter die Quarkmasse rühren. Die Mandelsplitter und Korinthen vorsichtig unterheben. Eine große, ofenfeste Pfanne erhitzen, Butter in die Pfanne geben und aufschäumen lassen. Die Quarkmasse hineingeben und stocken lassen. Im vorgeheizten Backofen bei 200 °C (Umluft 180 °C, Gas Stufe 3-4) ca. 8 bis 10 Minuten auf der mittleren Schiene backen. Danach mithilfe von zwei Gabeln den Pfannkuchen in kleine Stücke reißen. Mit Puderzucker bestäuben.

Tarte Tatin mit Kardamom

CA. 8 STÜCKE

1 Packung Tiefkühl-Blätterteig (ca. 225 g) • 6 säuerliche, feste Äpfel • 80 g Butter • 100 g Zucker • 1 TL gemahlener Kardamom • 1 Ei • 1 EL Milch

Blätterteigscheiben auftauen lassen. Auf einer bemehlten Fläche aufeinander legen und mit dem Nudelholz zu einem Kreis von 26 cm Durchmesser ausrollen. Die Äpfel schälen, halbieren und das Kerngehäuse mit einem Ausstecher entfernen. Butter in einer Tarte-Form (24 cm Ø) schmelzen und Zucker und Kardamom in die Form streuen. Apfelhälften dicht an dicht mit der runden Seite nach unten in die Form legen. Die Blätterteigplatte über die Äpfel legen, dabei die Teigränder etwas über den Rand der Form hängen lassen. Ei und Milch verquirlen und den Teig damit einstreichen. Die Tarte im vorgeheizten Backofen bei 210 °C (Umluft 190 °C, Gas Stufe 3-4) ca. 20 Minuten auf der 2. Schiene von unten backen. Die Tarte aus dem Ofen nehmen und kurz abkühlen lassen. Dann vorsichtig auf eine Kuchenplatte stürzen.

> **TIPP**
> Man kann die Tarte auch kalt werden lassen. Dann vor dem Anrichten die Form auf die heiße Herdplatte stellen, bis der Zucker wieder flüssig wird, die Tarte stürzen und portionieren.

Brombeer-Fool

Tarte Tatin mit Kardamom

»Ich will etwas bewirken – dass Essen wieder normal wird!«

Quarkpfannkuchen

Brownie-Tiramisu

Brownie-Tiramisu

8 PORTIONEN

Gewürzsud

1 unbehandelte Orange • 1 Vanilleschote • 1 Zimtstange • 1-2 Kardamomkapseln • 1-2 Sternanis • 250 ml Rotwein

Die Orange heiß waschen, die Schale mit einem Sparschäler abschälen und in schmale Streifen schneiden. Die Vanilleschote aufschneiden, das Mark herauskratzen und mit den restlichen Gewürzen zum Rotwein geben. Aufkochen und am Herdrand 30 Minuten ziehen lassen. Abseihen und vollständig abkühlen lassen.

Mascarpone-Crème

4 Eigelbe (sehr frisch) • 150 g feiner Zucker • 500 g Mascarpone

Eigelbe mit dem Zucker in einer Schüssel über dem heißen Wasserbad mit dem Mixer schaumig schlagen. Mascarpone in einer zweiten Schüssel mit etwas Gewürzsud verrühren, bis er geschmeidig ist. Die Ei-Zucker-Masse unterheben.

Grundlagen

2 Pakete Brownies à 270 g (aus dem Supermarkt) • Kakaopulver • geraspelte Schokolade

In einer flachen Form abwechselnd Brownies auslegen, mit Gewürzsud beträufeln und dann Mascarpone-Crème darüber geben. Tiramisu abdecken und mindestens 3 Stunden, besser noch über Nacht, durchziehen lassen. Kurz vor dem Servieren mit Kakaopulver bestäuben und geraspelte Schokolade darüber streuen.

Karamellisierter Milchreis mit Banane

Karamellisierter Milchreis mit Banane

Ein Highlight jeder Kindheit! Mit den karamellisierten Bananen wird es zum ernst zu nehmenden Dessert.

4 PORTIONEN

500 ml Milch • 1 Vanilleschote, längs halbiert • 2-3 EL Zucker • Schale von 1/2 unbehandelten Orange, fein abgerieben • 125 g Rundkornreis • 2 Bananen • 1-2 EL brauner Rum • 5-6 EL brauner Zucker

In einem kleinen Topf Milch, Vanilleschote, Zucker und Orangenschale aufkochen. Reis unterrühren und zugedeckt bei milder Hitze 30 Minuten quellen lassen, dabei öfter umrühren. Reis in Schälchen füllen und glatt streichen. Lauwarm abkühlen lassen. Die Bananen schälen und erst längs, dann quer halbieren. Im Rum wenden und je 2 Stück auf den Reis legen und eindrücken. Mit dem braunen Zucker bestreuen. Mit dem Bunsenbrenner gratinieren, bis der Zucker schmilzt und karamellisiert. Kurz abkühlen lassen und servieren.

Pfirsich-Himbeer-Biskuit mit süßem Pesto

CA. 8 STÜCKE

200 ml abgekühlter Läuterzucker (200 ml Wasser und 200 g Zucker aufkochen lassen und 1 Minute kochen, anschließend abkühlen lassen) • 1 Bund Basilikum • 1 Bund Zitronenmelisse • 2 EL Pistazien • 1 fertiger Biskuitboden • 8 reife Pfirsiche (halbiert und entsteint) • 250 g Himbeeren • 200 g Sahne

Für den Pesto die Kräuter und Pistazien klein hacken und mit dem abgekühlten Läuterzucker im Mixer zu einer glatten Masse verarbeiten. Den Tortenboden mit etwas süßem Pesto bestreichen und mit den halbierten Pfirsichen und den Himbeeren belegen. Die Sahne halbsteif schlagen. Den restlichen Pesto über die Früchte gießen und die Sahne darüber geben. Sofort servieren.

TiPP Der Pesto wird besonders würzig mit etwas Fenchelgrün.

Nusskuchen

8 BIS 12 STÜCKE

Teig

8 Eier • 140 g Butter • 140-150 g Zucker • 2 Tafeln Schokolade à 100 g, gerieben • 200 g Haselnüsse oder Mandeln, gerieben • 6 Scheiben Knäckebrot, gerieben • Butter für die Form

Die Eier trennen. Eigelbe und Butter schaumig rühren, Zucker hinzufügen und rühren, bis der Zucker sich aufgelöst hat. Schokolade, Nüsse und Knäckebrot hinzufügen und alles miteinander verrühren. Eiweiß steif schlagen und unterheben. In eine gebutterte Kastenform füllen und bei 190 °C (Umluft 170 °C, Gas Stufe 3) ca. 50 Minuten backen.

Glasur

1 Tafel Bitterschokolade à 100 g • 1,5 Tafeln Vollmilchschokolade à 100 g

Für die Glasur die Schokolade im Wasserbad schmelzen und den erkalteten Kuchen damit überziehen.

Pfirsich-Himbeer-Biskuit mit süßem Pesto

»Danke Oma Helene-Elisabeth! Dein Nusskuchen ist so wunderbar, dass ich ihn ohne Einschränkung an meine Leser weitergebe.«

Nusskuchen

»Ich hasse es, nach Rezept zu kochen!«

Fisherman's Friends

Für mich als **Junge von der Waterkant** ist klar: Hin und wieder muss Fisch auf den Tisch! Aber ich weiß auch, dass ihn nicht jeder mag und viele sich vor allem nicht trauen, ihn selbst zuzubereiten. Dabei ist es ganz leicht! Also: Keine Angst vor Fisch! Er muss nur absolut frisch sein. Woran man das erkennt? Ganz einfach: Frischer Fisch stinkt nicht! Noch ein Grund, der für Scholle, Lachs & Co. spricht – **Fisch ist gesund!** Ich habe mich entschieden, Ihnen in diesem Kapitel traditionelle Gerichte zu servieren wie »Seelachs Bordelaise« oder »Gefüllte Scholle«. Dabei kommt es nämlich nicht darauf an, sich hundertprozentig an die Garzeiten zu halten, was vielen gerade bei Meeresfrüchten als schwierig erscheint. Geht trotzdem mal etwas daneben, kann man immer noch eine **köstliche Fischsuppe** daraus zubereiten. Sind Sie nach einigen Kochversuchen schon sicherer, können Sie sich dann auch an Seewolf oder Steinbutt heranwagen.

Kabeljau mit sonnengetrockneten Tomaten und Oliven

4 PORTIONEN

2 Bund Suppengemüse • 2 Knoblauchzehen • 3 EL Olivenöl • 50 ml Weißwein • je 3 Zweige Petersilie, Thymian und Rosmarin • 2 Lorbeerblätter • 15 grüne Oliven ohne Stein • 150 g getrocknete Tomaten • 200 ml Gemüsebrühe • 4 Kabeljaufilets à 200 g • Salz

Suppengemüse putzen und fein würfeln. Knoblauch schälen und hacken. Olivenöl in einem Bräter erhitzen und Gemüse und Knoblauch darin anschwitzen. Mit Wein ablöschen und aufkochen lassen. Kräuter klein hacken, mit den Lorbeerblättern, Oliven und getrockneten Tomaten dazugeben. Mit Brühe übergießen und ca. 10 Minuten lang kochen. Den Fisch von beiden Seiten salzen und auf das Gemüsebett setzen. Ein Stück Backpapier auf einer Seite einölen und mit der geölten Seite nach unten den Fisch abdecken. Zugedeckt ca. 8 bis 10 Minuten sanft garen. Dann das Backpapier und die Lorbeerblätter entfernen.

Den Kabeljau auf dem Gemüsebett im Bräter servieren, dazu Bouillonkartoffeln (Seite 150) reichen.

Kabeljau mit sonnengetrockneten Tomaten und Oliven

Gefüllte Scholle aus dem Ofen mit Blattspinat, Zitrone, Krabben und Croûtons

4 PORTIONEN

1 kg Blattspinat • 2 Tomaten • 1-2 unbehandelte Zitronen • Salz, Pfeffer, Muskatnuss • 4 Schollen à 500 g • 50 g Semmelbrösel • 1 Knoblauchzehe • 2 EL Olivenöl • 50 g Butter • 50 ml Balsamico-Essig • 100 g Krabben • 150 g Weißbrotcroûtons

Den Spinat putzen und waschen, dann in kochendem Salzwasser blanchieren, abgießen und abschrecken. Spinat gut ausdrücken und beiseite stellen. Tomaten vierteln, entkernen und würfeln. Zitronen mit einem Messer so schälen, dass sämtliches Weiße entfernt wird, anschließend würfeln. Die Hälfte des Spinats mit den Tomaten- und Zitronenwürfeln mischen und mit Salz, Pfeffer und frisch geriebener Muskatnuss würzen. Die Schollen kalt abspülen und trockentupfen. Auf der weißen Seite jeder Scholle mit einem spitzen Messer entlang der gesamten Länge des Rückgrats zwei Einschnitte machen, sodass Taschen entstehen. (Kann man auch beim Fischhändler machen lassen.) Die Spinatfüllung in die Öffnungen geben und die Schollen von beiden Seiten salzen. Die Fische auf ein mit den Semmelbröseln bestreutes Blech legen. Im vorgeheizten Backofen bei 190 °C (Umluft 170 °C, Gas Stufe 3) ca. 12 Minuten auf der 2. Schiene von unten garen. Inzwischen den Knoblauch schälen und fein hacken. Olivenöl in einer Pfanne erhitzen. Den restlichen Spinat mit dem Knoblauch im Olivenöl anbraten, mit Salz und Pfeffer würzen. Spinat herausnehmen und warm stellen. In der gleichen Pfanne die Butter aufschäumen lassen und mit dem Essig ablöschen, salzen und pfeffern. Die gefüllten Schollen mit dem Spinat auf eine Platte geben, mit den kalten Krabben und den Croûtons garnieren. Mit der Balsamico-Butter servieren.

Gefüllte Scholle aus dem Ofen mit Blattspinat, Zitrone, Krabben und Croûtons

Seelachs »Bordelaise« mit Gurkensalat

Das Gericht kennen Sie bestimmt schon als Tiefkühlkost. Wenn man es selbst zubereitet, ist es aber schneller fertig und schmeckt besser. Das ist doch ein Argument!

4 PORTIONEN

Fisch

2 Lauchzwiebeln • 1 bunte Kräutermischung (z. B. Thymian, Rosmarin, Petersilie, Kerbel, Estragon) • ca. 140 g weiche Butter • ca. 100 g Paniermehl • Salz, weißer Pfeffer • 4 Seelachsfilets à 180 g • Butter für die Form

Für die Bordelaise-Kruste die Lauchzwiebeln fein schneiden und die Kräuter waschen, trocknen und fein hacken. Die Butter schaumig schlagen und mit Kräutern und Lauchzwiebeln vermischen. Paniermehl dazugeben und verrühren, mit Salz und Pfeffer würzen. Den Fisch waschen, trockentupfen und von beiden Seiten salzen und pfeffern. Eine Auflaufform leicht buttern, die Fischfilets hineinlegen und auf der Oberseite mit der Krustenmasse bedecken. Den Fisch im vorgeheizten Backofen bei 200 °C (Umluft nicht empfehlenswert, Gas Stufe 3-4) auf der 2. Schiene von unten ca. 10 bis 12 Minuten goldbraun backen.

Salat

2 Salatgurken • 2 EL Zitronensaft • 200 g griechischer Sahnejoghurt • Zucker, Salz

Die Gurken gründlich waschen und mit einem Sparschäler bis zum Kerngehäuse längs in dünne Scheiben hobeln. Die Gurkenscheiben leicht salzen und etwas ziehen lassen. Zitronensaft über die Gurken geben, den Joghurt unterrühren und mit Zucker und wenig Salz abschmecken.

Fisch mit Gurkensalat servieren. Ich esse immer Stampfkartoffeln (Seite 160) dazu.

Bouillonkartoffeln

Diese Kartoffeln passen zu fast jedem Gericht – besonders gut zu Fisch.

700 g Kartoffeln • 300 ml Gemüsebrühe (aus Wasser und gekörnter Brühe) • 1 EL kalte Butter • Salz, weißer Pfeffer

Die Kartoffeln waschen, schälen, in Scheiben schneiden und in einem breiten Topf in einer Lage auslegen. Mit Brühe übergießen und ca. 12 bis 15 Minuten bei mittlerer Hitze köcheln lassen, bis die gesamte Flüssigkeit von den Kartoffeln aufgenommen ist. Die Butter unter die Bouillonkartoffeln schwenken und mit Salz und Pfeffer abschmecken.

Seelachs »Bordelaise« mit Gurkensalat

Graved Lachs, hausgemacht, mit Honig-Senf-Sauce

Ich nenne das auch eine Art Sushi für Einsteiger: Der Fisch ist noch nicht gar und nicht mehr roh. Und was mir an diesem Gericht besonders gefällt: Es geht einfach und kostet viel weniger, als wenn man den Graved Lachs fertig kauft.

6 PORTIONEN

Graved Lachs

800 g Lachsfilet auf der Haut • 160 g Zucker • 100 g Salz • 1 EL Wacholderbeeren • Schale von 1 unbehandelten Zitrone, in Streifen • 2 EL weißer, grober Pfeffer • 2 Bund Dill

Lachs kalt abspülen, trockentupfen und eventuell vorhandene Gräten mit einer Pinzette entfernen. Lachs quer halbieren. Zucker, Salz, zerstoßene Wacholderbeeren, Zitronenschale und Pfeffer mischen. Dill fein schneiden und dazugeben. Eine Lachshälfte mit der Haut nach unten in eine flache Form mit hohem Rand legen. Die Beize darauf verteilen und das andere Stück Lachs mit der Haut nach oben darauf legen. Mit Klarsichtfolie abdecken und kalt stellen. Den Lachs 12 bis 18 Stunden beizen, dabei einmal wenden. Den Lachs aus der Form nehmen und mit Küchenpapier abtupfen.

Sauce

1-2 EL flüssiger Honig • 1 EL körniger Senf • 150 g Crème fraîche • 1 EL gehackter Dill • Saft von 1 Zitrone • Salz, Pfeffer

Honig, Senf, Crème fraîche, Dill und Zitronensaft verrühren. Mit Salz und Pfeffer würzen.

Den gebeizten Lachs in Scheiben schneiden und mit der Honig-Senf-Sauce servieren.

TIPP Die Rösti von Seite 24 sind eine wunderbare Beilage. Aber auch Pellkartoffeln schmecken prima zum Lachs.

Graved Lachs, hausgemacht, mit Honig-Senf-Sauce

Fischroulade mit Parmaschinken und scharfer Tomatensauce

Fischroulade mit Parmaschinken und scharfer Tomatensauce

6 PORTIONEN

Fischrouladen

6 Seelachsfilets à 150 g (ohne Haut und Gräten, vom Schwanzende) • 2 EL Zitronensaft • Salz, Pfeffer, Zucker • 12 hauchdünne Scheiben Parmaschinken • 3 EL Olivenöl • 3 Tomaten

Fischfilets kalt abspülen, trockentupfen, mit Zitronensaft beträufeln und mit Salz, Pfeffer und Zucker würzen. Jeweils 1 Fischfilet auf 2 Scheiben Schinken legen und aufrollen. Mit Zahnstochern feststecken. Eine tiefe, beschichtete Pfanne mit Olivenöl auspinseln, Fischrouladen hineingeben. Tomaten halbieren, würzen und auf den Rouladen verteilen. Die Fischrouladen mit Olivenöl beträufeln und im vorgeheizten Backofen bei 180 °C (Umluft 160 °C, Gas Stufe 3) auf mittlerer Schiene 12 bis 14 Minuten backen.

Sauce

2 große rote Chilischoten • 2 Knoblauchzehen • 4-5 Tomaten • 1 EL Tomatenmark • Weißweinessig • Olivenöl • 100 g gehackte geschälte Mandeln • Salz, Pfeffer, Zucker

1 Chilischote entkernen, die andere mit Kernen lassen, beide grob zerkleinern. Knoblauch schälen und hacken. Tomaten vierteln, entkernen und grob würfeln. Tomaten, Knoblauch und Chili mit dem Tomatenmark, Essig, etwas Olivenöl und den Mandeln im Mixer pürieren. Anschließend mit Salz, Pfeffer und Zucker würzen.

Die Fischrouladen mit der scharfen Tomatensauce anrichten.

Rucolasalat mit gegrilltem Tintenfisch und Pinienkern-Limetten-Dressing

4 PORTIONEN

2 unbehandelte Limetten • 2 EL Pinienkerne • 1 kleine Knoblauchzehe • 10 EL Olivenöl • Salz, Pfeffer, Zucker • 12 Calamaretti (vom Fischhändler geputzt oder ersatzweise tiefgekühlt) • 1 Bund Rucola

Die Limetten heiß abspülen, die Schale abreiben und den Saft auspressen. Die Pinienkerne in einer Pfanne rösten und hacken. Knoblauch schälen und hacken. Alles mit 8 Esslöffeln Olivenöl verrühren und mit Salz, Pfeffer und Zucker würzen. 2 Esslöffel Olivenöl in einer Pfanne erhitzen und die Calamaretti darin bei hoher Hitze kurz und scharf anbraten. Aus der Pfanne nehmen, mit Salz und Pfeffer würzen und 2 Minuten ruhen lassen. Rucola waschen und trockenschleudern und zusammen mit den Calamaretti auf einer großen Platte anrichten. Dann mit dem Pinienkern-Limetten-Dressing beträufeln.

Rucolasalat mit gegrilltem Tintenfisch und Pinienkern-Limetten-Dressing

Back to Basics

Sie wundern sich vielleicht, warum ich Ihnen so etwas Simples wie die Zubereitung von Stampf- oder Bratkartoffeln erklären will. Das hat folgenden Grund. Mit meinen »Basics« lässt sich wunderbar spielen! Die typischen **Beilagen** wie Kartoffeln oder Reis, Saucen oder Salatdressings können plötzlich durch unterschiedliche Beigaben wie Kräuter und Gewürze in eine ganz andere Geschmacksrichtung laufen. Man muss nur einmal wissen, wie es **»richtig«** geht. Die Stampfkartoffeln aus Kindertagen lassen sich zum Beispiel mit Knoblauch und Olivenöl in eine italienische Köstlichkeit verwandeln. Oder aus einem Beilagen-Risotto kann man durch zusätzliche Zutaten ein herrliches Hauptgericht zaubern. Deshalb sind meine Rezeptvorschläge sozusagen als Basis zu verstehen, zu der es immer wieder **neue Varianten** gibt. Und bitte: Seien Sie **kreativ**, trauen Sie sich, probieren Sie etwas Neues aus! Auch wir Profis erfinden nicht jeden Tag das Essen neu, sondern sind nur Meister im Abwandeln von Klassikern.

Stampfkartoffeln mit Knoblauch

4 PORTIONEN

1 kg mehlig kochende Kartoffeln • Salz • 3-4 Knoblauchzehen • 250 ml Milch • 2 EL Butter • weißer Pfeffer, Muskatnuss

Die Kartoffeln schälen und in einem Topf mit reichlich Salzwasser zum Kochen bringen. In ca. 20 Minuten weich kochen, abgießen und durch eine Kartoffelpresse geben oder mit dem Kartoffelstampfer zerdrücken. Während die Kartoffeln kochen, Knoblauchzehen schälen, mit der Milch und der Butter aufkochen und anschließend mit dem Mixstab pürieren. Warm halten. Knoblauchmilch nach und nach unter die Kartoffeln rühren und mit Salz, Pfeffer und frisch geriebener Muskatnuss abschmecken.

Polenta

4 PORTIONEN

500 ml Instantbrühe • 400 g Sahne • 1 Knoblauchzehe, fein gehackt • 2 Thymianzweige • 300 g Instantpolenta • Salz, Pfeffer • Olivenöl • 50 g Parmesan

Brühe und Sahne mit Knoblauch und gehacktem Thymian in einem Topf aufkochen. Polenta vorsichtig einrühren und alles ca. 2 Minuten bei schwacher Hitze unter ständigem Rühren kochen. Salzen und pfeffern. Die Polentamasse anschließend auf ein leicht geöltes Blech oder in eine breite Auflaufform gießen, glatt streichen und 15 Minuten kalt stellen. Polenta mit dem Messer in Vierecke schneiden oder Formen ausstechen. Die Stücke in etwas heißem Öl von beiden Seiten knusprig braten und vor dem Servieren mit geriebenem Parmesan bestreuen.

Risotto

4 PORTIONEN

1 Zwiebel • 2 Knoblauchzehen • 600 ml Instantbrühe • 2 EL Olivenöl • 300 g Risottoreis • 75 ml Weißwein • 1-2 EL Butter • Parmesan nach Geschmack • Salz, Pfeffer

Zwiebel und Knoblauch schälen und fein würfeln. Die Brühe aufkochen und heiß halten. Olivenöl in einem Topf erhitzen, Zwiebel- und Knoblauchwürfel darin anschwitzen. Den Reis dazugeben und mit anschwitzen. Mit Weißwein ablöschen. Ein Viertel der Brühe dazugießen und unter Rühren aufkochen lassen. Bei mittlerer Hitze unter häufigem Rühren ca. 20 Minuten sanft garen, dabei nach und nach die restliche Brühe dazugeben. Am Ende der Garzeit die Butter und den geriebenen Parmesan unterrühren. Mit Salz und Pfeffer würzen.

Bratkartoffeln von rohen Kartoffeln

4 PORTIONEN

1 kg fest kochende Kartoffeln • 8-10 EL Olivenöl • 2 Zwiebeln • Salz, Pfeffer

Kartoffeln waschen, schälen und in 1 cm dicke Scheiben schneiden. In einer Pfanne reichlich Olivenöl erhitzen und die Kartoffelscheiben darin bei mittlerer Hitze ca. 10 bis 12 Minuten goldbraun braten, etwa bis sie im Kern weich sind. Zwiebeln schälen, in Streifen schneiden und 2 Minuten mitbraten. Bratkartoffeln mit Salz und Pfeffer würzen.

> **TIPP**
> Alle diese Grundrezepte sind echte »Basics«. Sie lassen sich mit weiteren Zutaten beliebig variieren – ganz egal, ob Kräuter, Pilze, Gemüse, Gewürze etc. Probieren Sie es aus.

Stampfkartoffeln mit Knoblauch

Risotto

Polenta

Bratkartoffeln von rohen Kartoffeln

Crostini mit Artischocken-Zitronen-Crème

Crostini mit Tapenade

Ziegenkäse-Crostini

Crostini mit Artischocken-Zitronen-Crème
10 STÜCK

6-8 EL Olivenöl • 1 Ciabatta-Brot • 1 Glas Artischocken (425 ml) • Abrieb und Saft von 1 unbehandelten Zitrone • 1 Knoblauchzehe • Salz, Pfeffer • Parmesan zum Bestreuen

In einer Pfanne das Öl erhitzen. Das Brot in Scheiben schneiden und darin goldbraun anrösten. Artischocken, Zitrone und Knoblauch im Mixer pürieren. Die Paste auf die gerösteten Brotscheiben streichen. Mit Parmesan bestreuen und servieren.

Crostini mit Tapenade
10 STÜCK

10 Scheiben Ciabatta-Brot • 4-6 EL Olivenöl • 100 g schwarze Oliven • 50 g getrocknete Tomaten • abgeriebene Schale von 1 unbehandelten Zitrone • Pfeffer, Salz

Das Brot mit etwas Olivenöl beträufeln. Im vorgeheizten Backofen bei 200 °C (Umluft 180 °C, Gas Stufe 3-4) in etwa 10 Minuten knusprig backen. Oliven und getrocknete Tomaten grob hacken. Mit der Zitronenschale und dem restlichen Öl im Mixer pürieren, mit Pfeffer und wenig Salz würzen. Anschließend die Crostini mit der Tapenade bestreichen.

Ziegenkäse-Crostini
10 STÜCK

10 Scheiben Ciabatta-Brot • 2-3 EL Olivenöl • 300 g frischer Ziegenkäse • 1 Bund Schnittlauch • Saft von 1 Zitrone • Salz, Pfeffer

Ciabatta-Scheiben mit Öl beträufeln und im Backofen bei 200 °C (Umluft 180 °C, Gas Stufe 3-4) in etwa 10 Minuten goldbraun backen. Ziegenkäse mit Salz, Pfeffer, gehacktem Schnittlauch und Zitronensaft glatt rühren. Crostini mit dem Käse bestreichen und weitere 2 bis 3 Minuten in den Ofen schieben.

Basis-Liste

Wenn Sie diese Zutaten zu Hause haben, können Sie aus den meisten Rezepten kleine Köstlichkeiten zubereiten. Einfach etwas variieren, und schon haben Sie ein tolles neues Ergebnis:

- Balsamico-Essig
- Beerenobst, tiefgekühlt
- Blätterteig, tiefgekühlt
- Dosentomaten
- Eier
- Frische oder getrocknete Kräuter
- Honig
- Joghurt/Quark
- Kartoffeln
- Knoblauch
- Mehl
- Oliven
- Olivenöl
- Parmesan
- Pasta
- Risottoreis
- Senf
- Sonnengetrocknete Tomaten
- Tomatenmark
- Zitronen
- Zucker
- Zwiebeln

»*Ich freue mich, wenn ich Leute zum Kochen bringe.*«

Basissuppe

Eine schnelle Suppe, die am Ende der Garzeit mit frischen Kräutern, getrockneten Tomaten oder Ähnlichem verfeinert werden kann. Als Fond eignen sich Kalbs-, Geflügel-, Gemüse- oder auch Fischfond sowie Instantbrühe.

FÜR CA. 1 L

1 große Zwiebel • 1 Knoblauchzehe • 1 mehlig kochende Kartoffel, ca. 300 g • 2 EL Olivenöl oder 30 g Butter • 125 ml Weißwein • 1 l Brühe oder Fond • 200 g Sahne • Salz, Pfeffer • 1-2 TL Zitronensaft

Zwiebel und Knoblauch schälen und fein würfeln. Kartoffel schälen und würfeln. Olivenöl oder Butter in einem Topf erhitzen, Zwiebel- und Knoblauchwürfel darin glasig anschwitzen. Kartoffelwürfel dazugeben und 1 weitere Minute anschwitzen. Mit dem Weißwein ablöschen und vollständig einkochen lassen. Brühe oder Fond angießen und bei mittlerer Hitze 25 Minuten sanft kochen. Die Suppe fein pürieren. Sahne dazugeben und aufkochen. Mit Salz, Pfeffer und dem Zitronensaft würzen.

> **TIPP:** Die Kartoffel dient hier nur zur Bindung der Suppe. Bei Geschmacksträgern, die genug Bindekraft mitbringen, wie zum Beispiel Pilzen, lässt man die Kartoffel weg.

Tomatensuppe

Tomatensuppe

Man kann statt der Dosentomaten auch ca. 1 kg frische, vollreife Tomaten verwenden. Dann sollte man die Menge der Brühe auf 750 ml erhöhen.

4 BIS 6 PORTIONEN

1 Zwiebel • 1 Knoblauchzehe • 2 EL Olivenöl • 2 Basilikumzweige • 2 EL Tomatenmark • 2 Dosen geschälte Tomaten (800 g EW) • 500 ml Geflügel- oder Gemüsefond • 6-8 EL Olivenöl bester Güte • Salz, Pfeffer, Zucker

Zwiebel und Knoblauch schälen und fein würfeln. 2 Esslöffel Olivenöl erhitzen, Zwiebeln und Knoblauch darin unter Rühren glasig anschwitzen. Basilikum und Tomatenmark dazugeben. Die Tomaten grob zerkleinern und mit dem Fond in den Topf geben. 30 Minuten unter gelegentlichem Rühren sanft kochen. Die Suppe pürieren und durch ein Sieb geben, um die Kerne zu entfernen. Das Olivenöl mit dem Pürierstab in die Suppe mixen und die Suppe mit Salz, Pfeffer und 1 Prise Zucker würzen.

Nage

FÜR CA. 1/4 L

400 ml Geflügelfond • 1 Schalotte • 2 EL Sahne • 150 g kalte Butter, in Stückchen geschnitten • Salz, Pfeffer

Geflügelfond mit der geschälten und in Ringe geschnittenen Schalotte bei mittlerer Hitze fast vollständig einkochen. Sahne dazugeben und kurz aufkochen. Topf an den Herdrand ziehen und die Butterstückchen nach und nach mit einem Schneebesen unterrühren. Salzen und pfeffern. Die Sauce unter Rühren bis knapp unter den Siedepunkt erhitzen (nicht kochen) und durch ein feines Sieb geben.

Weiße Sauce

FÜR CA. 1/2 L

Auch hier kann man den Fond beliebig variieren und zum Beispiel Fisch-, Kalbs-, Geflügel- oder Gemüsefond nehmen. Mit einer Messerspitze Safran wird daraus eine Safransauce. Am Ende mit etwas frisch geriebenem Meerrettich verfeinert, wird es eine Meerrettichsauce.

1 Zwiebel • 300 ml Weißwein • 1 Lorbeerblatt • 1 l Brühe oder Fond • 100 g Sahne • 150 g Crème double • Salz, Pfeffer

Zwiebel schälen und in Ringe schneiden. Weißwein mit den Zwiebeln und dem Lorbeerblatt in einem Topf um die Hälfte einkochen lassen. Fond oder Brühe dazugeben und erneut um die Hälfte einkochen. Sahne und Crème double dazugeben, einmal aufkochen und mit Salz und Pfeffer würzen. Durch ein feines Sieb geben und servieren.

Dressing

Im Grunde ist eine Vinaigrette simpel: 3 bis 4 Teile Öl zu 1 Teil Essig mit etwas Senf, Salz, Pfeffer und Zucker verrühren. Mit etwas mehr Senf wird das Dressing dicker, durch Balsamico-Essig wird die Vinaigrette sanfter, mit Himbeeressig fruchtig.

Grundsätzlich gilt: Je feiner das Öl, desto besser muss der Essig sein. Eine Vinaigrette aus Walnussöl zum Beispiel braucht guten, wohldosierten Essig wie Himbeeressig oder alten Sherry-Essig.

Roux-Mehlschwitze

Faustregel für eine Roux: Man nimmt 40 g Butter und 50 g Mehl pro 1 l Flüssigkeit. Macht man eine braune Roux (z. B. für eine dunkle Rahmsauce), erhöht sich der Mehlanteil auf 75 g, da das Mehl durch das längere Rösten Bindekraft verliert. Ist die Roux heiß, muss kalte Flüssigkeit zugegeben werden, da die Sauce oder Suppe sonst klumpig wird. Man kann die Roux auch vorher zubereiten und kalt unter heiße Flüssigkeiten rühren.

Und so wird es gemacht:

Butter in einem Topf mit schwerem Boden aufschäumen lassen, Mehl unterrühren und etwa 30 Sekunden unter Rühren anschwitzen (bei brauner Roux so lange unter Rühren anschwitzen, bis die gewünschte Farbe erreicht wird). Kalte Flüssigkeit (Milch oder Brühe) nach und nach unter Rühren in den Topf geben. Aufkochen und unter häufigem Rühren bei mittlerer Hitze 15 Minuten lang kochen lassen. Durch ein Sieb geben und nach Belieben mit Salz, Pfeffer, Kräutern etc. würzen.

Register

Rezepte von A bis Z

Aprikosen-Crumble 136
Auberginen-Lachs-Tarte mit Kapernbutter . 75
Basissuppe 164
Bauernomelett 130
Blaubeerjoghurtcrème mit Rosmarin
   und Baiserhaube 77
Bratkartoffeln von rohen Kartoffeln 160
Brombeer-Fool 138
Brot- und Butter-Pudding
   mit Toffee-Banane 19
Brownie-Tiramisu 141
Buletten-Meterbrot-Sandwich
   mit crispy Bacon, Salat und Remoulade .. 98
Caesar Salad 130
Cappuccino von Pilzen 89
Ceviche von der Forelle 89
Chicken Drumsticks BBQ-Style 101
Chili con Carne 10
Clafoutis von Waldbeeren 75
Crostini
   mit Artischocken-Zitronen-Crème 162
Crostini mit Tapenade 162
Currywurst mit hausgemachter Currysauce
   und Pommes frites 32
Das »echte« Tatar 28
Dressing 165
Endiviensalat mit gegrillten Birnen 14
Entenkeulen mit Lebkuchenkruste,
   Orangensauce und Couscous
   mit Nüssen und Dörrobst 44
Feldsalat mit Avocado, Pink Grapefruit
   und Parmesanchips 72
Fisch in Salzkruste 47
Fischroulade mit Parmaschinken
und scharfer Tomatensauce 155
Garnelen mit Tomaten-Ziegenkäse-Tarte .. 84
Gebratener Seeteufel mit Morcheln,
   Muscheln und Lasagne 84
Geflämmtes Rinderfilet mit Rucola,
Parmesan und Austernpilzen 16
Gefüllte Scholle aus dem Ofen
   mit Blattspinat, Zitrone, Krabben
   und Croûtons 148
Gefülltes Ciabatta vom Grill
   mit Provolone 101
Gegrillte Hähnchenbrust
   mit Chorizo und Salbei 127
Gepfefferter Schellfisch mit Rotweinsauce
   und geräuchertem Heilbutt 117
Graved Lachs, hausgemacht,
   mit Honig-Senf-Sauce 152
Grüne Gazpacho 71
Honigglasierter Lachs mit Gurkensalat
   und Erdnuss-Pesto 72
Hühnerfrikassee mit grünem Spargel,
   Champignons und Risi Bisi 56
Jelly Shorts 130
Kabeljau mit sonnengetrockneten
   Tomaten und Oliven 148
Kalbshaxe mit Sternanis 50
Kalbskotelett vom Grill provençal 127
Kalbsleber »Venezia« 14
Kaninchen in Vanille mit Chili-Bratapfel .. 48
Karamellisierter Milchreis mit Banane ... 141
Kartoffelgnocchi mit Tomaten
   und Ricotta 60
Kartoffelrösti 24
Käsekuchen mit Erdbeeren 19
Kasseler im Brotteig
   mit tomatisiertem Sauerkraut 41
Königsberger Klopse 59
Kopfsalatherzen mit Joghurtdressing 27
Krautfleckerl nach Matrosenart 113
Kurz gebratener Tafelspitz
   mit Salatherzen und Kräuter-Vinaigrette . 86
Labskaus mit pochiertem Lachs 118
Lammkeule mit Zimt
   und Apfel-Lauch-Kuchen 38
Leckerer Fischeintopf 111
Matjes nach Hausfrauenart
   mit gegrillten Äpfeln und Pellkartoffeln . 111
Nage 165
Nusskuchen 142
Parmesansuppe 13
Penne mit Erbsen-Mascarpone-Sauce ... 10
Pfirsich-Himbeer-Biskuit mit süßem Pesto . 142
Pizza mit Rucola, Parmaschinken
   und Mozzarella 59
Plattes Paprikahuhn 129
Polenta 160
Quarkpfannkuchen 138
Rhabarberpfitzauf 136
Rib-Eye-Steak »Monster-Style« mit Zwiebeln,
   Knoblauch, Peperoni und Tomaten .. 124
Rinderfilet »Wellington« 114
Risotto 160
Roastbeef mit grünen Bohnen,
   Croûtons und Parmesan 43
Roux-Mehlschwitze 165
Rucolasalat mit gegrilltem Tintenfisch
   und Pinienkern-Limetten-Dressing ... 155
Sandwiches mit Hüttenkäse,
   Hähnchenbrust und Apfel-Chutney ... 97
Schweinemedaillons mit Rosmarin,
   Servietten-Olivenknödel und
   grünen Bohnen 108
Seelachs »Bordelaise« mit Gurkensalat ... 150
Spaghetti mit Kartoffeln
   und sonnengetrockneten Tomaten ... 27
Spaghetti-Pilz-Kuchen mit Tomatensauce . 31
Spanisches Omelett 24
Spareribs 103
Stampfkartoffeln mit Knoblauch 160
Tarte Tatin mit Kardamom 138
Thunfischtatar mit Mojo verde 82
Toast Hawaii mit gegrillter Ananas 28
Tomaten-Brot-Salat 13
Tomatensalat mit Feigen 27
Tomatensuppe 164
Vegetarische Calzone mit Antipasti 95
Wassermelonensalat 71
Weiße Sauce 165
Wiener Schnitzel
   mit Kartoffel-Gurken-Salat 63
Zanderfilet mit Schwarzbrot, Trauben
   und Estragon 82
Ziegenkäse-Crostini 162
Zitronenrolle 65

Fleischgerichte

Chili con Carne 10
Currywurst mit hausgemachter Currysauce
   und Pommes frites 32
Kalbshaxe mit Sternanis 50
Kalbskotelett vom Grill provençal 127
Kalbsleber »Venezia« 14
Kaninchen in Vanille mit Chili-Bratapfel .. 48
Kasseler im Brotteig
   mit tomatisiertem Sauerkraut 41
Königsberger Klopse 59
Lammkeule mit Zimt
   und Apfel-Lauch-Kuchen 38
Rib-Eye-Steak »Monster-Style«
   mit Zwiebeln, Knoblauch, Peperoni
   und Tomaten 124

Rinderfilet, Geflämmtes, mit Rucola,
    Parmesan und Austernpilzen 16
Rinderfilet »Wellington« 114
Roastbeef mit grünen Bohnen,
    Croûtons und Parmesan 43
Schweinemedaillons mit Rosmarin,
    Servietten-Olivenknödel
    und grünen Bohnen 108
Tafelspitz, Kurz gebratener,
    mit Salatherzen und Kräuter-Vinaigrette . 86
Tatar, Das »echte« 28
Wiener Schnitzel
    mit Kartoffel-Gurken-Salat 63

Geflügelgerichte

Entenkeulen mit Lebkuchenkruste,
    Orangensauce und Couscous
    mit Nüssen und Dörrobst 44
Hähnchenbrust, Gegrillte,
    mit Chorizo und Salbei 127
Hühnerfrikassee mit grünem Spargel,
    Champignons und Risi Bisi 56
Paprikahuhn, Plattes 129

Fischgerichte

Auberginen-Lachs-Tarte mit Kapernbutter . 75
Fisch in Salzkruste 47
Fischeintopf, Leckerer 111
Fischroulade mit Parmaschinken
    und scharfer Tomatensauce 155
Forelle, Ceviche von der 89
Garnelen mit Tomaten-Ziegenkäse-Tarte . 84
Graved Lachs, hausgemacht,
    mit Honig-Senf-Sauce 152
Kabeljau mit sonnengetrockneten
    Tomaten und Oliven 148
Labskaus mit pochiertem Lachs 118
Lachs, Honigglasierter, mit Gurkensalat
    und Erdnuss-Pesto 72
Matjes nach Hausfrauenart
    mit gegrillten Äpfeln und Pellkartoffeln . 111
Schellfisch, Gepfefferter,
    mit Rotweinsauce und geräuchertem
    Heilbutt 117
Scholle, Gefüllte, aus dem Ofen mit Blatt-
    spinat, Zitrone, Krabben und Croûtons . . 148
Seelachs »Bordelaise« mit Gurkensalat . . 150
Seeteufel, Gebratener, mit Morcheln,
    Muscheln und Lasagne 84
Thunfischtatar mit Mojo verde 82

Zanderfilet mit Schwarzbrot,
    Trauben und Estragon 82

Gemüsegerichte

Bauernomelett 130
Cappuccino von Pilzen 89
Kartoffelgnocchi mit Tomaten und Ricotta . 60
Kartoffelrösti 24
Omelett, Spanisches 24

Pasta und Pizza

Krautfleckerl nach Matrosenart 113
Penne mit Erbsen-Mascarpone-Sauce 10
Pizza mit Rucola, Parmaschinken
    und Mozzarella 59
Spaghetti mit Kartoffeln
    und sonnengetrockneten Tomaten 27
Spaghetti-Pilz-Kuchen mit Tomatensauce . . 31

Fingerfood

Buletten-Meterbrot-Sandwich
    mit crispy Bacon, Salat und Remoulade . . 98
Chicken Drumsticks BBQ-Style 101
Crostini mit Artischocken-Zitronen-Crème . 162
Crostini mit Tapenade 162
Gefülltes Ciabatta vom Grill mit Provolone . 101
Sandwiches mit Hüttenkäse,
    Hähnchenbrust und Apfel-Chutney ... 97
Spareribs 103
Toast Hawaii mit gegrillter Ananas 28
Vegetarische Calzone mit Antipasti 95
Ziegenkäse-Crostini 162

Salate

Caesar Salad 130
Endiviensalat mit gegrillten Birnen 14
Feldsalat mit Avocado, Pink Grapefruit
    und Parmesanchips 72
Kopfsalatherzen mit Joghurtdressing ... 27
Rucolasalat mit gegrilltem Tintenfisch
    und Pinienkern-Limetten-Dressing 155
Tomaten-Brot-Salat 13
Tomatensalat mit Feigen 27
Wassermelonensalat 71

Suppen

Basissuppe 164
Gazpacho, Grüne 71
Parmesansuppe 13
Tomatensuppe 164

Kuchen und Desserts

Aprikosen-Crumble 136
Blaubeerjoghurtcrème
    mit Rosmarin und Baiserhaube 77
Brombeer-Fool 138
Brot- und Butter-Pudding mit Toffee-Banane 19
Brownie-Tiramisu 141
Clafoutis von Waldbeeren 75
Jelly Shorts 130
Käsekuchen mit Erdbeeren 19
Milchreis, Karamellisierter, mit Banane ... 141
Nusskuchen 142
Pfirsich-Himbeer-Biskuit mit süßem Pesto . 142
Quarkpfannkuchen 138
Rhabarberpfitzauf 136
Tarte Tatin mit Kardamom 138
Zitronenrolle 65

Beilagen

Apfel-Lauch-Kuchen 38
Bohnen, Grüne 43
Bohnen, Grüne, italienisch 108
Bouillonkartoffeln 150
Bratkartoffeln von rohen Kartoffeln 160
Chili-Bratäpfel 48
Couscous 44
Gurkensalat 72
Kartoffel-Gurken-Salat 63
Möhrengemüse 38
Polenta 160
Pommes frites 32
Risi Bisi 56
Risotto 160
Servietten-Olivenknödel 108
Stampfkartoffeln mit Knoblauch 160

Saucen, Dips und Dressings

Apfel-Chutney 97
Apfel-Gorgonzola-Dip 127
Currysauce 32
Honig-Senf-Sauce 152
Nage 165
Orangensauce 44
Remoulade 98
Rotweinsauce 113, 117
Roux-Mehlschwitze 165
Sour-Cream 124
Tomatensauce 31, 60, 155
Vinaigrette 86, 89, 165
Weiße Sauce 165